여기는 18세기, 음악이 하고 싶어요

일러두기

1. 클래식 곡 제목은 쉽게 읽고 기억할 수 있도록 간략히 표기했습니다.

2. 본문에 들어간 QR코드를 인식하면 유튜브를 통해 해당 클래식 곡을 들을 수 있습니다. 만약 영상이 삭제됐다면 곡명을 검색해 감상하시기 바랍니다.

3. 작품집과 모음집은 《 》, 부속곡과 단일곡은 〈 〉로 표기했습니다.

4. 책은 《 》, 잡지와 영화, 게임, 애니메이션 등은 〈 〉로 표기했습니다.

5. 외국의 인명과 지명은 국립국어원 한국어 어문 규범의 외래어 표기법을 따랐습니다. 다만 관습적으로 굳어진 일부 용어는 예외로 두었습니다.

모차르트부터 윤이상까지
세계적 음악가들은
십대에 뭐 했을까?

조현영 지음

여기는 18세기,
음악이 하고 싶어요

다른

LEVEL 1

음악 감수성 20%

음악가들의 십대 시절과 시대별 음악 사조를 익힐 수 있는 **연표**로 워밍업! 음악가들이 청소년기에 뭘 했는지 따라가다 보면 어느새 친근감이 느껴질 거예요.

LEVEL 2

음악 감수성 40%

본문을 읽기 전, 각 장 첫 쪽에 들어간 **음악가들의 프로필**을 살펴보세요. 음악가가 어떤 사람인지 한눈에 파악할 수 있어요. 재미는 덤입니다!

LEVEL 3

음악 감수성 60%

음악가들의 삶을 **흥미로운 이야기**로 만나 보세요. 성장 배경, 성격, 성향 등을 알고 나면 그들의 음악 세계를 자연스럽게 이해할 수 있답니다.

LEVEL 4

음악 감수성 80%

지식 채우고 가실게요~! 알아 두면 좋은 음악 용어들을 본문
속 **팁박스 '지식 더하기'**로 쉽게 설명했어요. 이 밖에 모르는
용어들은 직접 찾아보면 더 좋겠죠?

LEVEL 5

음악 감수성 100%

각 장 끝 쪽에 들어간 **'이 곡은 들어 봐야지'** 속 QR코드로
음악을 감상해 보세요 음악가를 알고 난 후 듣는 음악은 사뭇
다를 거예요.

레벨 마스터

어디 가서 음악 좀 안다고
말해도 좋습니다!

음악가들은 어릴 때 뭐 했을까?
이 책에 나오는 음악가들의 십대 시절 연표

바로크 음악 1600~1750

르네상스 이후에 나타난 음악으로 웅장함과 화려함이 특징이다.
화려한 춤곡들이 주로 발달했고, 다성 음악이 유행했다.

대표 음악가: 비발디, 바흐, 헨델

1695	10살의 바흐, 큰형에게 오르간 배움
1700	15살의 바흐, 성 미하엘 교회 부속학교 합창 특기생으로 입학
1702	17살의 바흐, 바이마르 궁정 악단 바이올리니스트로 선발
1703	18살의 바흐, 유명 오르가니스트를 만나러 420킬로미터 걸어감. 아른슈타트 교회 오르가니스트로 임명
1708	23살의 바흐, 바이마르 궁정의 오르가니스트 겸 궁정 악사가 됨

고전주의 음악 1750~1820

객관적인 기준과 형식을 중요시했다.
교향곡의 전성시대라 일컬어질 정도로 대규모의 관현악곡이 발달했고,
우아함과 깔끔함이 도드라지는 협주곡, 실내악 등도 각광을 받았다.

대표 음악가: 하이든, 모차르트, 베토벤

1760	4살의 모차르트, 아버지에게 처음 음악 배움
1762	6살의 모차르트, 오스트리아 여왕 앞에서 연주
1763	7살의 모차르트, 10살까지 이어진 서유럽 연주 여행 출발
1765	9살의 모차르트, 첫 교향곡 작곡
1768	12살의 모차르트, 첫 오페라 작곡

1778   8살의 베토벤, 첫 연주회 공연

1781   11살의 베토벤, 본 궁정의 오르가니스트 네페의 제자 됨

1782   12살의 베토벤, 본 궁정 오르가니스트로 발탁

1787   17살의 베토벤, 모차르트를 찾아가 바흐의 곡 연주

      5살의 파가니니, 바이올린을 켜기 시작

1793   11살의 파가니니, 첫 연주회 공연

1801   19살의 파가니니, 23살까지 무대에 서지 않음

1804   22살의 파가니니, 연주 활동 다시 시작

1816   6살의 쇼팽, 피아노 처음 배움

1817   7살의 쇼팽, 폴로네즈 2곡 작곡

1818   8살의 쇼팽, 첫 공개 연주

낭만주의 음악 1820~1890

멜로디가 아름답고 들었을 때 낭만적인 느낌이 물씬 풍긴다.
고전주의 음악이 형식과 규칙을 중요시했다면,
낭만주의 음악은 개성과 자유로움을 추구했다. 오페라의 전성기였다.

대표 음악가: 파가니니, 멘델스존, 슈만, 쇼팽, 리스트, 브람스, 라흐마니노프

1824   14살의 쇼팽, 작곡에 뛰어난 재능 보임

1826   16살의 쇼팽, 바르샤바 음악원 입학. 첫사랑이 짝사랑으로 끝남

1838   5살의 브람스, 아버지에게 바이올린과 첼로 배움

1840   7살의 브람스, 코셀에게 피아노 배움

1851	11살의 **차이콥스키**, 법률 학교에서 기숙사 생활 시작
1853	20살의 **브람스**, 음악의 동반자 요아힘 만남
1854	14살의 **차이콥스키**, 어머니의 죽음으로 깊은 슬픔에 빠짐
1857	16살의 **드보르자크**, 프라하 오르간 학교 입학. 바이올린, 비올라, 오르간, 작곡을 배움
1859	19살의 **차이콥스키**, 법무부 공무원이 됨
1860	19살의 **드보르자크**, 프라하 국립극장의 비올리니스트로 일함. 스메타나로부터 본격적인 작곡 활동 권유받음
1861	20살의 **드보르자크**, 실내악의 대곡 〈현악 5중주 a단조〉 작곡
1862	22살의 **차이콥스키**, 상트페테르부르크 음악원 1기 학생으로 입학
1885	12살의 **라흐마니노프**, 모스크바 음악원 입학

근대 음악 1890~1918

19세기 미술과 관계가 깊은 인상주의 음악과
자국의 독립과 민족성을 드러내는 민족주의 음악이 등장했다.

대표 음악가: 드뷔시, 라벨, 드보르자크, 스메타나

1891	18살의 **라흐마니노프**, 〈피아노 협주곡 1번〉 작곡
1892	19살의 **라흐마니노프**, 오페라《알레코》로 음악가로서 첫 성공
1917	11살의 **쇼스타코비치**, 러시아 혁명을 겪으며 불안한 소년기를 보냄

현대 음악 1918~현재

불협화음과 조가 없는 무조 음악이 탄생했고,
컴퓨터와 기계를 사용하는 음악이 발달했다.

대표 음악가: 쇼스타코비치, 윤이상, 존 케이지, 필립 글래스

1919	13살의 **쇼스타코비치**, 페테르부르크 음악원 입학
1925	19살의 **쇼스타코비치**, 졸업 작품 〈교향곡 1번〉으로 세간의 관심 받음
1930	13살의 **윤이상**, 독학으로 작곡 시작
1935	18살의 **윤이상**, 일본 오사카 음악 학교 입학
1945	9살의 **황병기**, 인생의 스승 김소열 아저씨 만남
1950	14살의 **황병기**, 훗날 가야금을 시작한 이유가 되는 판소리 〈춘향전〉 관람
1951	15살의 **황병기**, 국립국악원에서 가야금 배움
1957	21살의 **황병기**, KBS 전국 국악 콩쿠르 1등

1

음악의 아버지는

토카타와 푸가 d단조

가난했더랬지

1685~1750

바흐

Johann Sebastian Bach

바하 아니고 바흐입니다만?

프로필		대표곡
정식 이름	요한 제바스티안 바흐	토카타와 푸가 d단조
출생·사망	1685년~1750년	G선상의 아리아
국적	독일	골드베르크 변주곡
음악 사조	바로크 음악	평균율 클라비어곡집 1권 1번
직업	오르가니스트, 작곡가	브란덴부르크 협주곡 3번
		무반주 첼로 모음곡 1번

관계성

요한 암브로시우스 바흐 #아버지 #바이올
린 첫_스승

요한 크리스토프 바흐 #형제 #형_악보_
한 번만_보자

모차르트, 베토벤 #우리는_3대_음악_거장

디트리히 북스테후데 #오르간_스승님

재미로 보는 인물 그래프

바흐인가, 바하인가? 처음 피아노를 배울 때 학원에 들고 다니던 악보에는 분명히 '바하'라고 쓰여 있었다. 그런데 언젠가부터 '바흐'가 보이기 시작하더니 요즘은 대부분 '바흐'로 통일해 부르는 것 같다. 앞으로는 대세를 따라 '바흐 Bach'로 부르기로 하자. 독일어의 'ch'는 콧바람 섞어서 '흐'라고 발음해야 훨씬 멋있기도 하니까!

그의 이름은 요한 제바스티안 바흐다. '요한'은 집안의 돌림자에 해당하는 이름으로 아버지와 큰형의 이름에도 요한이 들어간다. 중간 이름인 '제바스티안'은 그리스도교의 성인聖人 세바스티아누스 Sebastianus의 이름에서 따온 것이다.

우리가 일반적으로 말하는 클래식이란 서양 음악을 말한다. 서양 음악가 중에서도 바흐는 '서양 음악의 아버지', 게오르크 프리드리히 헨델은 '서양 음악의 어머니'라고 부른다. 그래서 서양 음악을 이야기할 때 두 사람은 빠지지 않고 등장한다. 바흐와 헨델은 같은 해에 태어났으며 모두 중부 독일 출신이다. 바흐가 태어난 아이제나흐시에서 헨델이 태어난 할레시까지는 서울에서 춘천까지 정도의 거리다. 하지만 헨델은 일찍이 영국으로 귀화해 활동했으며, 둘은 평생 한 번도 만난 일이 없다고 한다.

바흐는 9살에 어머니를, 10살에 아버지를 잃었다. 부모의 기대와 지원 없이 음악 공부를 했지만, 대대로 음악가가 탄생한 집안인 만큼 바흐에게 음악은 숙명과도 같은 것이었다. 어려서부터 자연스럽게 음악을 시작해 평생 동안 매우 많은 작품을 작곡했고, 많은 장르를 개척했으며, 많은 자식을 두었다. 그래서 그를 두고 서양 음악의 기틀을 확립한 '음악의 아버지'라고 부르는 것이다. 그는 첫 번째 부인이자 육촌 누나인 마리아 바르바라 바흐가 죽자 두 번째 결혼을 했다. 첫 번째 부인이 7명의 아이를, 두 번째 부인이 13명의 아이를 낳아 바흐는 자식이 20명이나 됐다. 대식구의 가장인 바흐가 어떻게 서양 음악의 아버지가 됐는지 그가 걸어온 길을 함께 따라가 볼까?

♪ 지식 더하기

게오르그 프리드리히 헨델

독일에서 태어난 바로크 시대의 작곡가다. 바흐가 평생 독일에만 머물며 활동했다면 헨델은 영국으로 건너가 활동하다가 그곳에서 생을 마감했다. 오페라와 오라토리오 등의 성악 장르를 많이 작곡했는데, 오라토리오란 종교적인 내용을 담는 극음악을 말한다. 헨델의 대표적인 오라토리오에는 《메시아》가 있다.

집안에 음악가만 50명이 넘다니!

바흐 집안에서는 17세기부터 7대에 걸쳐 무려 50여 명의 음악가가 탄생했다. 바흐 집안이 모여 살던 독일 튀링겐주에서 바흐라는 단어가 곧 '거리의 악사'로 받아들여질 정도였다. 바흐 집안이 튀링겐주에 입지를 세운 것은 제바스티안 바흐의 고조부 대였다. 고조부인 파이트 바흐는 헝가리 근처에서 살다가 가족을 이끌고 튀링겐주의 베히마어 마을로 이주했다. 파이트는 이곳에서 방앗간을 차려 생활했는데, 얼마나 음악을 사랑했는지 곡식을 빻는 리듬에 맞춰 악기를 연주했다고 한다. 모든 생활 곳곳에 음악이 있었던 것이다.

이러한 바흐 가족의 음악 사랑은 대대로 많은 음악가를 낳았다. 제바스티안 바흐 외에도 하인리히 바흐, 요한 크리스토프 바흐, 요한 미하엘 바흐 등도 세계 음악사에 한 획을 그었다. 하지만 후대에 와서 가장 뛰어난 음악가로 평가되는 바흐는 요한 제바스티안 바흐이며, 그는 모차르트, 베토벤과 더불어 역사상 가장 뛰어난 3대 음악 거장으로 꼽힌다.

"공부가 제일 쉬웠어요"라는 사람들처럼 요한 제바스티안 바흐에게는 음악이 가장 쉽고 재미있는 일이었을 것이다. 그는 아침에 눈을 뜨면서부터 하루를 마감하기까지 한순간 한순간이 음악과 함께였다. 온 가족이 모여 음악회를 여는 게 일상이었고, 기도를 올릴 때도 음악이 빠지지 않았다. 65년 생애의 말년에 이르러서도 바로크 음악을 대표하는 중요한 곡들을 작곡했으며,

바흐 가족 음악가 집안에서 태어난 바흐에게 음악은 일상 그 자체였다.

서양 음악의 아버지답게 평생 동안 엄청나게 많은 양과 높은 수준의 음악적 성과물을 남겼다.

몰래 악보를 베낀 사연

바흐는 아버지인 요한 암브로시우스 바흐에게 처음 바이올린을 배웠다. 그런데 불행히도 어린 나이에 어머니와 아버지를 연이어 떠나보냈다. 그 후 형제들은 뿔뿔이 흩어졌다. 6남 2녀 중 막내아들이었던 바흐는 아이제나흐시를 떠나 큰형 부부가 사는 집으로 들어가 살게 됐다. 바흐보다 열네 살 많은 큰형 요한 크리스토프 바흐는 고타시에서 오르가니스트(오르간 연주자)로 활동 중이었다. 당시 그는 유명한 작곡가들의 악보 사본을 많이 가지고 있었다. 그런데 내용도 어렵고 구하기 힘든 악보라 깊이 간직해 두고 혼자서만 보려고 했다. 어린 바흐는 그런 형의 악보가 몹시 궁금했다.

"형! 나 그 악보 한 번만 보면 안 돼?"

"안 돼. 너한텐 어려운 악보들이야. 봐도 모를 테니 절대 손댈 생각하지 마."

큰형은 단박에 거절했다.

하지만 바흐는 그냥 물러서지 않았다. 그는 형 몰래 악보를 슬쩍해 밤마다 달빛 아래서 필사하며 공부했다. 꼬리가 길면 잡힌다고 6개월쯤 지나 결국 형에게 들키고 말았다. 형은 매우 화가 나서 그동안 필사한 악보까지 전부 빼앗아 태워 버렸다. 인쇄술이 발달하지 않았던 당시에는 악보나 책 등의 인쇄물을 구하기가 쉽지 않았다. 그래서 필요한 악보가 있으면 손으로 일일이 필사해서 간직하곤 했다. 오선지를 그리고 그 위에 음표 하나하나 그려 넣으려면 인내와 끈기가 필요했다. 그렇게 6개월 동안이나 애써 필사한 악보가 한순간에 불타 버렸으니 바흐의 심정이 오죽했을까? 하지만 필사하는 동안 악보를 익히며 능력을 키웠으니 그 6개월이 결코 헛된 시간은 아니었다.

못 말리는 열정맨

바흐는 15살에 큰형 집에서 수백 킬로미터 떨어진 성 미하엘 교회 부속학교에 입학했다. 무료로 숙식을 제공하는 기숙 학교라는 게 큰 장점이었다. 당시 큰형은 자식이 5명이었고, 바흐는 그런 형에게서 경제적 부담을 덜어 주고 싶었다. 마침 아직 변성기가 오지 않은 그는 아름다운 목소리로 노래를 빼어나게 잘해 합창 특기생으로 입학할 수 있었다.

홀로서기를 시작한 바흐는 3년 후 졸업해서 일자리를 구했다. 가난한 바흐에게는 경제적 독립이 가장 급한 일이었다. 음악을 한다고 하면 으레 잘사는 집안에서 고생 모르고 자랐겠거니 생각하지만, 서양 음악사에서 그런 부유한 집에서 태어난 음악가는 찾아보기 힘들다. 바흐 역시 넉넉하지 않은 가정 형편에서 어렵게 자랐다.

오르간에 푹 빠졌던 바흐는 1703년 18살에 유명한 오르가니스트를 만나기 위해 먼 길을 떠난다. 그가 독일 북부 도시 뤼베크까지 420킬로미터를 걸어 디트리히 북스테후데를 찾아갔다는 이야기는 유명하다. 자신의 음악에 많은 영감을 준 북스테후데를 직접 만날 수 있다는 설렘과 배움에 대한 열정이 그를 걷고 또 걷게 한 것이었다. 바흐의 놀라운 재능을 알아본 북스테후데는 그에게 제자가 될 기회와 좋은 일자리를 주겠다며 그 대신 자신의 사위가 돼 주기를 제안했다. 그러나 이미 결혼을 약속한 여인 마리아 바르바라가 고향에서 기다리고 있었다. 음악인으로서 성공하고 싶은 야망이 컸던 바흐는 그 제안에 솔깃했지만 단호히 거절했다. (여담으로 북스테후데의 딸이 별로 예쁘지 않아서 바흐가 거절했다는 이야기도 있다. 만약 그의 딸이 미인이었다면 바흐가 좀 더 일찍 세상에 이름을 날렸을까?)

비록 북스테후데의 제안은 사양했지만 바흐는 이 뛰어난 오르가니스트에게 많은 배움을 얻었고, 자신의 음악에 큰 영향을 받았다. 이 시기에 작곡한 여러 걸작 중 가장 유명한 오르간곡은 〈토카타와 푸가 d단조〉다.

바흐는 자신의 음악뿐만 아니라 자식들의 음악 교육에도 대단한 열정을 쏟았다. 1723년에는 자식들이 대학에서 수준 높은 교육을 받을 수 있도록 라이프치히시로 이사했다. 그 당시 쾨텐에서 궁정 악장으로 일하며 만족스러운 대우를 받고 있었지만, 쾨텐에는 대학이 없다는 이유로 궁정 악장 자리를 내놓고 라이프치히로 떠난 것이다. 바흐는 자식들을 위해 《평균율 클라비어곡집》 같은 교본용 작품집을 내기도 했다. 그가 평생 동안 그렇게 많은 걸작을 만들 수 있었던 데는 자식에 대한 사랑과 높은 교육열이 한몫을 했는지도 모른다. 자식들 가운데서도 장남인 빌헬름 프리데만 바흐와 차남인 카를 필리프 에마누엘 바흐, 막내 아들 요한 크리스티안 바흐는 음악사에 이름이 오를 만큼 뛰어난 작곡가로 성장했다.

라이프치히로 이주한 바흐는 성 토마스 교회의 음악 감독인 칸토르kantor로서 라이프치히시 교회 음악의 총 책임을 맡았고, 1750년 세상을 뜨기까지 이곳에 머물렀다. 조용히 음악에 전념할 수 있었던 쾨텐 시절과 달리 라이프치히에서는 복잡한 음악 행정 때문에 종종 충돌을 빚었다. 하지만 바흐는 거의 27년간 성 토마스 교회 칸토르 자리를 지켰으며, 성 토마스 교회는 이러한 바흐의 활약으로 유명해졌다. 현재 성 토마스 교회 앞에는 바흐의 동상이 세워져 있다.

대표곡은 "띠로리!"

바흐의 작품은 클래식 작곡가뿐만 아니라 대중음악 작곡가에게도 많은 사랑을 받는다. 그중에서도 우리에게 익숙하고 유명한 곡은 〈토카타와 푸가 d단조〉다. 이렇게 말하면 그게 무슨 곡이냐고 고개를 갸우뚱하겠지만, 이 곡의 멜로디는 누구나 한 번쯤 아니, 매우 여러 번 들어 봤을 것이다. 실제로 학생들에게 이 곡을 들려주고 제목이 뭐냐고 물어보면 대부분 제목 대신 "띠로리!"라고 대답한다. 길고 어려운 클래식 제목을 제대로 기억하기란 과학 공식을 외우는 것보다 더 어렵다. 여전히 무슨 곡인지

성 토마스 교회 앞의 바흐 동상
바흐는 세상을 떠나기 전까지 성 토마스 교회에서 칸토르로
지냈다. 성 토마스 교회는 바흐의 활약 덕분에 이름을 알렸다.

모르겠다면 인터넷에서 한번 찾아보기 바란다. 첫 멜로디만 들어도 "아하!" 하고 고개가 끄덕여질 것이다.

〈토카타와 푸가 d단조〉는 많은 음악가가 피아노로도 연주하지만 원래는 파이프 오르간을 위한 작품이다. 오래된 흑백 영화 〈드라큘라〉에서 그 멜로디를 사용하면서 널리 알려졌는데, 악당이 어두침침한 곳에서 혼자 파이프 오르간을 멋지게 연주하는 장면에서 이 곡이 웅장하게 흘러나온다. 요즘에도 영화나 애니메이션에서 천둥 번개 치는 반전의 순간에, 또는 코미디극에서 극적인 효과를 강조할 때 자주 쓰는 멜로디다. 게임 음악으로도 자주 쓰는데, 〈메이플스토리〉 '버섯의 성' 편에도 나오고, 1940년 디즈니가 만든 클래식 만화 〈판타지아〉의 서두 부분에서 필라델피아 **오케스트라**의 편곡 버전으로 나오기도 했다.

〈토카타와 푸가 d단조〉에서 '토카타와 푸가'는 장르 이름이다. 가요에도 발라드, 록, 디스코, 랩 등의 장르가 있듯이 클래식에도 여러 장르가 있다. 토카타 toccata 는 '닿다', '타다'라는 뜻의 이탈리아어 토카레 toccare 에서 어원을 찾을 수 있다. 즉 이 곡은 닿자마자, 올라타자마자 휘달리는 말처럼 화려하고 즉흥적으로 음악이 전개되는 것이 특징이다. 그래서 대부분의 토카타곡은 처음부터 다양한 음들이 화려하고 빠르게 움직인다.

푸가 fuga 는 여러 성부가 등장하는 다성 음악으로, 바흐가 활동할 당시 가장 유행했던 장르다. 푸가는 처음에 주요 멜로디가

♫ **지식 더하기**   ⊗ ⊖ ⊙

오케스트라

관현악단을 말한다. 관현악곡을 연주하는 연주 단체를 뜻하는데, 처음 이 단어는 고대 그리스 시대에 무대와 객석 중간에 춤추고 노래하는 공간을 말했다. 현악기, 목관악기, 금관 악기, 타악기 등 모든 악기가 함께 연주하는 형태로, 오케스트라의 규모에 따라 대규모의 '심포니 오케스트라'와 소규모 실내악곡을 주로 연주하는 '챔버 오케스트라'로 나뉜다.

나오면 계속해서 일정한 간격으로 다른 성부들이 그 멜로디를 모방해 가는 형식이다. 처음에는 하나의 선율로 시작했다가 끝으로 갈수록 여러 성부가 겹쳐서 나오므로 정신 차리고 듣지 않으면 지금 어떤 곡을 듣고 있는지 모를 정도로 헷갈린다. 많은 사람이 푸가 감상을 어려워하는 이유가 바로 이 때문이다. 바흐는 자유로운 토카타와 형식적이고 규칙적인 푸가를 극적으로 맞물려 하나로 어우러지게 작곡하는 형식을 좋아했다.

음악의 아버지, 우주에 가다

미국항공우주국^{NASA}에서 쏘아 올린 화성 탐사 로봇 퍼서비어런스가 2021년 2월 화성에 도착했다. 이 로봇이 9월, 처음으로 암석을 뚫고 시료 채취에 성공했다고 한다. 우주 탐사를 위한 지구인들의 시도는 여전히 걸음마 단계인데, 바흐의 음악은 이미 오래전에 우주에 도착했다. 1977년 미국에서 쌍둥이 우주선 보이저 1, 2호를 발사할 때 골든 레코드^{Voyager golden record}를 함께 보냈는데 여기에 바흐의 음악도 실렸던 것이다. 골든 레코드는 지구의 이런저런 소식을 우주에 전하기 위해 만든 LP 디스크로, 거기에 실린 바흐의 곡은 〈브란덴부르크 협주곡 2번 중 1악장〉, 〈무반주 바이올린 파르티타 3번 3악장 '가보트와 론도'〉, 〈평균율 클라비어곡집 2권 중 1번 '전주곡과 푸가'〉다.

2019년 3월 21에는 구글에서 바흐의 탄생일을 기념한 '구글 두들(구글에서 특별한 날 선보이는 홈메이지 메인 로고)'을 선보였다. 그 두들을 이용하면 누구든 인공지능[AI] 프로그램을 이용해 바흐 스타일로 작곡을 할 수 있었다. 바흐의 곡은 일정한 형식과 규칙이 있는 곡이 많아 AI를 통한 음악 학습에도 유용하다고 한다.

바흐는 어릴 적 부모를 잃고 경제적으로 부족한 환경에서 자랐다. 그리고 사실 바흐 생전에는 그에 대한 평가가 오늘날처럼 후하지 못했다. 말년에도 바흐는 라이프치히 교회 음악을 이끄는 한편 시간을 쪼개 가며 창작 활동에 몰두했다. 비록 완성하지는 못했지만 눈을 감기 전 마지막으로 작곡한 〈푸가의 기법〉은 오늘날 건반 연주에 가장 적합한 곡으로 알려져 있다. 음악학자 앨프리드 아인슈타인은 "노년의 바흐 속에서 옛날의 샘이 다시 솟구치기 시작했다"라고 말했다. 그만큼 바흐는 생을 다하는 날까지 음악가로서 결코 안주하지 않았고, 그랬기에 오늘날 '음악의 아버지'라는 이름을 얻게 됐다.

토카타와 푸가 d단조

즉흥적인 성격의 빠른 '토카타'와 규칙적이고 형식적인 '푸가'가 한 쌍으로 이루어진 기악곡이다. 바흐는 다양한 토카타와 푸가 곡을 만들었는데, 그중에서도 〈토카타와 푸가 d단조〉, 'BWV. 565'가 가장 유명하다. 여기서 BWV란 1950년 독일 음악학자 볼프강 슈미더가 바흐의 작품을 장르별로 정리해 붙인 기호로, '바흐 작품 목록(Bach Werke Verzeichnis)'의 약자다. 〈토카타와 푸가 d단조〉를 들을 때는 반드시 천둥 번개가 쳐야 할 것 같다. 갑작스럽게 드라큘라가 나타난다거나 악당이 등장할 때 매우 잘 어울리는 곡이다.

G선상의 아리아

〈관현악 모음곡 3번〉의 2번째 곡 '아리아(air)'에 해당하는 곡이다. '곡조', '선율'을 뜻하는 영어 'air'의 이탈리아식 표기가 'aria(아리아)'다. 독일의 바이올리니스트 아우구스트 빌헬미가 바이올린의 현 가운데 가장 낮은 음역인 G선에서 연주할 수 있게 편곡을 해서 간단히 'G선상의 아리아'라고 부르게 됐다. 우리나라 관공서나 공공 화장실 등에서 이 곡을 자주 들을 수 있다.

2

무한 긍정

노력형 천재

1756~1791

터키풍으로

모차르트

모차르트

Wolfgang Amadeus Mozart

클래식 슈퍼스타는
당연히 나 아님?

프로필		대표곡
정식 이름	볼프강 아마데우스 모차르트	피아노 소나타 11번 3악장 〈터키풍으로〉
출생·사망	1756년~1791년	교향곡 25번
국적	오스트리아	교향곡 40번
음악 사조	고전주의 음악	레퀴엠
직업	작곡가	오페라 피가로의 결혼 중 〈편지 2중창〉
		오페라 돈 지오반니 중 〈그대의 손을 나에게〉

관계성

레오폴트 모차르트 #아빠_말_들으면_자다
　가도_떡이_나와
마리 앙투아네트 #철없는_청혼
프란츠 요제프 하이든 #존경과_경쟁_사이
로렌초 다 폰테 #오페라_콤비
콜로레도 대주교 #직장_상사 #예술을_몰라

재미로 보는 인물 그래프

사교성
천재성
노력
행복
수명

도도솔솔라라솔.

이게 무슨 노래냐고? 노래가 아니라 KBS 드라마 제목이다. 드라마 주인공은 '구라라'라는 이름의 날라리 피아니스트! 라라가 어릴 적 첫 콩쿠르에 나가 연주한 곡이 바로 도, 도, 솔, 솔, 라, 라, 솔 음으로 시작하는 볼프강 아마데우스 모차르트의 〈작은 별 변주곡〉이다. "반짝반짝 작은 별, 아름답게 빛나네"라는 동요 가사로 알려진 그 유명한 곡 말이다.

라라는 '무한 긍정'의 정신세계로 주변 사람에게 늘 웃음을 선사하는 독특한 캐릭터다. 어릴 적 어머니를 잃고 아버지와 단둘이 살면서도 그 누구보다 밝고 당차다. 목소리도 얼마나 크고 높은지 옆에 있는 사람이 깜짝 놀랄 정도다. 피아노 건반에서 라 음을 세게 눌렀을 때의 소리를 상상해 보면 될 것이다. 라 음의 목소리로 까르르 웃어 대는 라라의 모습을 보고 있으면 누구라도 따라 웃게 된다. 그런 면에서 라라는 모차르트와 닮았다.

모차르트도 긍정적인 성격에 철부지 장난꾸러기였다. 젊은 시절 어머니를 여의었고, 아버지의 높은 기대와 지지 아래 음악 활동을 했다. 모차르트가 세상을 뜬 지 300년이 훌쩍 넘었지만, 그의 곡은 여전히 우리 곁에 남아 웃음과 위안을 안겨 주고 있다.

기쁠 때는 웃음을, 슬플 때는 위안을 안겨 준다는 점에서 모차르트의 곡은 신비한 마법과도 같다.

모차르트는 세계 음악사에서 가장 유명하고 가장 높은 평가를 받는 작곡가다. 그런데 모차르트를 아느냐는 물음에 모차렐라 동생이냐고 묻는 학생이 있었다. 처음 그 말을 들었을 때 얼마나 웃었던지! 언제나 그렇듯이 청소년들과의 대화는 어디로 튈지 모를 탱탱볼 같다.

자, 이제 모차렐라의 동생이 아니라 세계 제일의 작곡가인 모차르트를 만나러 떠나 볼까?

천재성 뒤에 아버지의 교육열?

요하네스 크리소스토무스 볼프강구스 테오필루스 모차르트! 읽으면서 숨이 찰 만큼 길고도 긴 이 이름이 바로 모차르트의 전체 이름이다. 성은 모차르트, 이름은 요하네스 크리소스토무스 볼프강구스 테오필루스다. 어쩌다가 이렇게 긴 이름을 갖게 됐을까? 모차르트는 태어날 때부터 몸이 허약했다. 그의 부모는 아들이 건강하게 오래 살기를 바라는 마음을 담아 세례명이자 본명으로 이런 이름을 짓게 됐다고 한다. 우리나라에도 아들의 무병장수를 위해 "김수한무 거북이와 두루미"로 시작하는 세상에서 가장 긴 이름을 지어 줬다는 옛이야기가 있지 않은가(사실은 길게 지으려고 한 것이 아니라 좋은 의미의 말을 다 갖다 붙이는 바람에 길어진 것이지만).

그렇다면 모차르트 부모님의 그 지극한 마음은 하늘에 가닿았을까? 모차르트는 35년 생애를 살다 갔다. 그의 병력 때문에 이렇게 젊은 나이에 세상을 떴다고들 하지만, 수명이 길지 않았던 그 시대에는 사실 많은 사람이 30대, 40대에 생을 마감했다. 하물며 프란츠 페터 슈베르트는 31살에 작고했으니 모차르트는 적어도 슈베르트보다는 나은 편이었다.

본명에서 중간 이름 '볼프강구스 테오필루스'를 독일식으로 바꾸면 '볼프강 고틀리프'가 되는데, 모차르트는 음악 활동을 하며 '볼프강 고틀리프 모차르트'를 공식 이름으로 사용했다. 그러다 나중에는 '볼프강 아마데우스 모차르트'로 굳어져 알려지게 됐는데, 여기서 '아마데우스'는 '고틀리프'를 라틴식으로 바꾼 것이며 '신의 축복을 받은 이'라는 뜻이다.

모차르트는 이름처럼 신의 축복을 받고 태어난 음악의 신동이었다. 물론 타고난 신동이라고 해서 저절로 위대한 음악가가 되는 것은 아니다. 모차르트가 얼마나 많은 노력을 했는지는 그가 남긴 다음의 글을 보면 알 수 있다.

사람들은 내 음악이 쉽게 만들어진다고 생각하는 잘못을 범한다.

그 누구도 나만큼 작곡하는 데 많은 시간을 보내고 많은 생각을 하지는 않았을 것이다.
내가 거듭 연구해 보지 않았던 음악의 거장은 없다.

　예술가에게 재능은 필수 조건이지만 노력이 뒷받침되지 않은 천재성은 무용지물이다. 모차르트는 그 자신의 노력과 열정도 대단했지만 부모님, 특히 아버지의 교육열이 오늘날 우리나라의 학부모 못지않았다. 새삼스런 말이지만 자식이 출세하기를 바라는 마음은 어느 나라, 어느 시대든 별다르지 않은 모양이다.

　모차르트의 아버지 레오폴트 모차르트는 오스트리아 잘츠부르크 궁정 악단에서 바이올리니스트로 활동했으며 소년 합창단을 가르친 교육자이기도 했다. 일찍이 아들의 천재성을 알아본 그는 고작 6살밖에 안 된 아들을 데리고 유럽 연주 여행을 떠났다. 아들이 넓은 세계로 나가 좀 더 수준 높은 교육을 받는 한편 세계 무대에서 활동하며 이름을 알리길 바라는 마음에서였다. 그러니까 오늘날 우리나라의 BTS처럼 세계적인 스타가 되기를 바랐던 것이다.

　지금이야 비행기를 이용해 하루 만에도 다른 나라를 여행하고 돌아올 수 있지만, 모차르트가 살았던 18세기에 주요 교통수단은 마차였다. 모차르트는 좁고 냄새 나는 나무 마차를 타고 세

차례에 걸쳐 거의 10년 동안 유럽 곳곳을 다니며 연주했다. 중간 중간 여행 경비가 떨어져 밥을 굶기도 했고, 전염병에 걸려 죽을 고비를 넘기기도 했다. 하지만 모차르트 부자가 여행을 계속할 수 있었던 것은 음악에 대한 열정과 세계 무대를 향한 열망이 그만큼 컸기 때문이다.

음악 신동 모차르트에 대한 소문은 오래지 않아 유럽 각지로 퍼져 나갔다. 모차르트는 겨우 6살에서 7살 나이에 여러 지체 높은 귀족들 앞에서 피아노와 바이올린을 연주했다. 심지어 쉰브룬 궁전에 초대받아 오스트리아 여왕 마리아 테레지아 앞에서도 연주했다. 오늘날 오스트리아 빈의 여행 명소가 된 쉰브룬 궁전은 그 당시 합스부르크 왕가의 여름 별장이었다. 온통 노란색으로 뒤덮인 화려한 그 궁전에는 방이 자그마치 1,441개나 있다. 그중 '거울의 방'에서 모차르트는 여왕의 딸인 마리 앙투아네트를 만났다. 꼬마 모차르트가 궁전에서 뛰어놀다가 넘어지자 공주가 다가와 일으켜 세워 준 것이다. 그때 모차르트는 당돌하게도 공주에게 청혼을 했다.

"나 크면 너랑 결혼할래!"

여느 귀족도 아닌 왕의 초대를 받고 간 궁전에서 천진하게 뛰어놀고 공주에게 청혼까지 하다니! 구김살 없이 밝고 용감하고 천진한 모차르트의 성격은 이렇게 어릴 적의 일화에서부터

확인할 수 있다. 모차르트의 천재성을 소재로 한 영화 〈아마데우스〉에서도 모차르트는 어떤 귀족 앞에서도 주눅 들지 않고 당당하고 호탕하다. 심지어 오만하고 방탕한 모습까지 보여 준다.

하지만 아무리 용감하고 천재적인 모차르트라도 넘을 수 없는 산이 있었다. 그는 평민이었고, 마리 앙투아네트는 공주였다. 둘 사이에 결혼은 상상도 못할 일이었다. 물론 6살 꼬마가 던진 "결혼할래"라는 말이 결코 진지한 청혼일 리 없고, 그 말을 이제 와서 진지하게 해석하는 것 자체가 어불성설이지만 말이다. 참고로 마리 앙투아네트는 나중에 프랑스로 시집가서 루이 16세

쉰브룬 궁전 음악 신동으로 소문난 모차르트는 6살에 쉰브룬 궁전에 초대받아 오스트리아 여왕 앞에서 연주를 했다.

의 부인이 됐는데, 불행히도 프랑스 혁명 당시 단두대에서 목숨을 잃고 말았다.

죄짓고도 훈장 받는 클래스

1769년 13살의 모차르트는 오페라의 본고장인 이탈리아로 세 번째 연주 여행을 떠났다. 다음 해 로마 바티칸 궁전의 시스티나 경당을 방문해 그레그리오 알레그리의 곡 〈미제레레〉를 듣고 악보로 옮겨 냈다. 이 채보 사건은 로마 교황청이 발칵 뒤집히고도 남을 큰 사건이었다. 당시 교황은 이 신성한 곡이 밖으로 유출되지 않도록 엄격히 통제하고 있었다. 바티칸 내의 지체 높은 사람들끼리만 이 아름다운 곡을 공유하려 한 것이다. 외부인이 이 곡을 들으려면 시스티나 경당까지 가야 했고, 혹시라도 악보를 유출하는 사람이 있으면 신성모독죄로 큰 벌을 받아야 했다. 그런데 소년 모차르트가 그 곡을 머릿속에 기억해 뒀다가 오선지에 옮겨 낸 것이다. 교황청의 기밀문서와도 같은 〈미제레레〉 악보가 전 세계에 공개될 판국이었다.

　그렇다면 모차르트는 어떤 처벌을 받았을까? 운도 좋은 이 소년은 벌을 받기는커녕 교황 클레멘스 14세에게 황금박차 기사단 훈장을 받았다. 교황이 내리는 훈장 중 2등급에 속하는 이 훈장은 교회의 영예를 빛내고 가톨릭 신앙 전파에 큰 공을 세운 자에게 주는 상이었다. 교황은 13살 소년의 천재적인 음악성을 크게 칭찬하고 격려하며 이 상을 내렸다. 그리고 〈미제레레〉뿐만 아니라 그동안 시스티나 경당이 독점해 왔던 여러 곡을 세상에 공개했다.

단 몇 줄짜리도 아니고 거의 10분간 이어지는 길고 복잡한 곡을 어떻게 한두 번 듣고 기억했을까? 정말이지 모차르트는 듣기 천재, 암기 천재다! 아마 음악 활동은 그에게 재미있는 놀이가 아니었을까? 누구든 재미있는 일을 할 때는 시간 가는 줄도 모르고 푹 빠져들지 않는가.

악보 채보 사건으로 이름을 알린 모차르트는 소년 천재 작곡가로서 기량을 한껏 발휘하며 이탈리아를 여행했다. 여러 유명한 작곡가를 만나 교육을 받을 기회도 얻었고, 이때의 경험이 훗날 당대 최고의 오페라 작곡가가 되는 토대가 되어 주었다.

편지는 마음을 싣고

가장 사랑하는 어머니,

전 이번 여행이 정말 즐겁고 행복해요. 마차도 신나고요. 마부는 바람을 일으키며 평탄한 길을 쌩쌩 달려요. 이미 아버지가 이번 여행에 대해 말씀하셨겠지만 제가 이렇게 어머니한테 편지를 쓰는 건 제가 그만큼 예의를 아는 사람이고, 어머니에게 무한한 존경을 보내는 아들임을 보여 드리고 싶어서예요.

천 번의 입맞춤을 보내며

1769년 12월, 어머니의 아들 모차르트가

위 글은 순회 연주를 떠난 모차르트가 어머니와 누나 나넬에게 쓴 편지다. 형제들이 모두 살았다면 일곱 형제가 됐겠지만 대부분 어려서 죽고 모차르트와 나넬 남매만 남았다. 다섯 살 터울인 두 남매는 우애가 매우 좋았으며, 나넬 역시 어려서부터 음악 공부를 했다. 세 차례의 연주 여행 중 1, 2차 때는 네 가족이 모두 함께했는데 3차 때는 모차르트와 아버지만 떠났다. 아버지는 자식 사랑이 깊으면서도 아들을 세계적인 음악가로 키우고 싶은 욕심에 엄하게 굴곤 했다. 반면에 어머니와 누나는 늘 따뜻이 모차르트를 품어 주었다. 그래서 세 번째 여행을 하는 동안 내내 모차르트는 집에 남은 어머니와 누나를 그리며 수많은 편지를 썼다.

모차르트는 가족뿐만 아니라 가까운 지인들에게도 편지로 자주 소식을 전했다. 물론 여행 중일 때가 많았고 연락 수단이 편지밖에 없던 시절이라 편지를 쓸 수밖에 없었겠지만, 꼭 그 이유가 아니더라도 모차르트는 늘 편지 쓰기를 즐겨했다. 마치 학교에 다녀온 아이가 어머니에게 그날 있었던 일을 쫑알쫑알 이야기하듯 모차르트는 자신이 겪은 일을 시시콜콜 편지에 풀어놓았다. 그렇게 평생 동안 쓴 편지가 모두 500통이 넘는다고 한다. 그의 편지를 모아 엮은 《모차르트의 편지》라는 책도 나와 있다. 이 책을 읽으면 모차르트가 살면서 느꼈던 기쁨과 슬픔, 사랑과 증오, 후회, 푸념, 영광 등의 마음을 함께할 수 있을 것이다.

어머니를 그리며, 〈작은 별 변주곡〉

일본 애니메이션 〈노다메 칸타빌레〉에서 주인공 노다메는 피아노를 전공하는 소녀다. 프랑스 파리 유학을 떠난 노다메는 처음으로 오른 공개 연주회 무대에서 모차르트의 〈작은 별 변주곡〉을 연주한다. 그것도 모차르트처럼 가발을 쓰고 빨간색 옷을 입고서! 모차르트 음악을 온몸으로 느끼고 즐기며 연주하고 싶다는 이유에서였다. 복장뿐만 아니라 공간적 배경인 파리 역시 노다메의 연주에 극적인 효과를 더해 주었다. 모차르트가 〈작은 별 변주곡〉을 지을 때 머물렀던 곳이 바로 파리이기 때문이다.

모차르트는 1773년 이탈리아 여행을 마치고 오스트리아 잘츠부르크로 돌아왔다가 몇 년 후 다시 파리로 떠났다. 원래는 이탈리아에서 큰 규모의 음악단 단원으로 활동하려 했으나 일이 잘 성사되지 않아 고향인 잘츠부르크로 돌아왔다. 이즈음 활발한 작곡 활동을 하며 인정도 많이 받았지만, 정작 원했던 직업 음악인의 길은 평탄치 않았다. 좁은 무대인 잘츠부르크에서라도 자리를 잡으려고 한동안 궁정 음악가 생활을 하기도 했다. 그런데 당시 영주인 콜로레도 대주교는 예술에 대한 이해가 부족한 인물이었다. 음악가들에 대한 처우가 박할 수밖에 없었다.

대주교와 자주 충돌하던 모차르트는 1777년 어머니와 함께 구직 여행을 떠났다. 독일 뮌헨으로, 만하임으로, 그리고 파리에도 갔지만, 20살이 넘은 모차르트는 예전처럼 음악 신동으로서 신선한 매력을 끌지 못했다. 더구나 파리에서 인생의 최대 슬픔을 맞이했다. 그의 나이 22살이던 1778년 7월, 전염병으로 어머니를 잃고 말았다. 아버지에게 차마 슬픈 소식을 전할 수 없던 모차르트는 친구에게 편지를 쓰며 애끓는 마음을 털어놓았다. 모차르트의 생애 중 가장 쓰디쓴 시기였을 것이다.

하지만 어머니의 죽음이 단지 슬픔만 남긴 것은 아니었다. 그는 파리에서 어머니와 함께 들었던 프랑스 민요 〈아! 어머니께 말씀드리죠〉를 떠올리며 어머니를 그렸다. 이 민요는 어머니에게 투정하는 아이의 마음이 담긴 노래로, 우리가 "에이, 비, 시, 디" 하며 영어 알파벳을 노래로 배울 때의 그 멜로디로 이루어졌다. 잘츠부르크로 돌아온 모차르트는 1781, 1782년에 이 멜로디를 주제로 12개의 변주곡을 만들었다. 그 제목은 〈'아! 어머니께 말씀드리죠' 주제에 의한 12개의 변주곡〉이며, 우리나라에서는 간단히 〈작은 별 변주곡〉이라고 부르는 명곡이다. 밝고 경쾌한 느낌의 멜로디지만 어머니를 향한 지극한 슬픔과 그리움이 담긴 모차르트의 사모곡이다.

모차르트 음악은 사랑이지

모차르트는 12살에 오페라 《바스티앙과 바스티엔》을 시작으로 작곡의 길에 들어섰다. 오페라 작곡은 책 한 권을 쓰는 것만큼 지난한 일이다. 아무리 천재적인 음악가라도 고뇌와 인내의 시간이 없이는 그런 긴 곡을 완성할 수 없다.

모차르트의 곡은 오늘날 태교나 심리 치료 음악으로 많이 쓰인다. 다른 클래식 음악도 많지만 모차르트의 곡이 압도적으로 많이 활용된다고 한다. 단순하고 밝고 경쾌한 느낌 때문에 아기들 장난감 멜로디에서도 모차르트의 곡을 자주 들을 수 있다. 1990년대에는 모차르트의 음악을 듣기만 해도 사고력과 창의력이 높아진다는 소문이 돌기도 했다. 과학적 입증까지는 하지 못했지만 영 근거 없는 소문은 아니다. 음악 치료의 원리가 음악이 뇌에 작용해 정신에 영향을 미치는 것이기 때문이다.

모차르트는 타고나기를 웃음이 많고 장난기도 많았다. 그리고 언제나 열린 마음으로 상대방에게 먼저 다가갔다. 이는 상대에 대한 포용과 사랑이 없이는 불가능한 일이다. 그런 모차르트의 성격은 음악에도 영향을 미쳤다. 우리에게 가장 잘 알려진 〈작은 별 변주곡〉을 비롯해 〈자장가〉, 〈피아노 소나타 11번〉 등을 들어 보면 이해가 갈 것이다. 단순하고 발랄하면서 따뜻하고 편안함을 주는 멜로디가 모차르트 음악의 가장 큰 매력이다. 우리가 모차르트 음악을 들을 때 위안을 받고 사랑과 희망을 느끼는 이유는 그 때문일 것이다.

한마디로 모차르트는 '힐링 전도사'였다. 그렇다고 해서 모차르트의 삶이 평생 웃음으로만 채워졌던 것은 아니다. 어쩔 수 없는 슬픔과 절망을 천진한 웃음 속에, 그리고 창작의 열정 속에 감추었을 때도 많았다. 어쩌면 모차르트가 음악을 통해 우리에게 하고 싶은 말은 바로 이런 것이 아니었을까? "힘들지만 웃어 보자고!" 오늘 모차렐라가 가득한 스파게티를 먹으면서 모차르트의 〈작은 별 변주곡〉을 들어 보는 건 어떨까? 모차르트처럼 꾸밈없이 밝은 얼굴로 실컷 웃어 보자!

♫ **지식 더하기**

소나타

보통 3, 4악장으로 구성된 기악곡의 대표 장르로 '울려 퍼지다', '연주하다'라는 뜻의 이탈리아어 소나레(sonare)에서 어원을 찾을 수 있다. 16세기 초에 생겨난 장르로 모차르트와 베토벤을 거치며 크게 발전했다. 피아노나 바이올린 같은 독주악기를 위한 작품이 많다.

'아! 어머니께 말씀드리죠' 주제에 의한 12개의 변주곡

프랑스 민요 〈아! 어머니께 말씀드리죠〉를 주제로 1781년에 쓴 피아노 변주곡. 돌아가신 어머니를 그리워하는 마음을 담은 곡이다. 우리나라에서는 〈작은 별 변주곡〉으로 잘 알려져 있으며, 수많은 나라의 언어로 번역돼 장난감 멜로디나 어린이 음악 상자의 명곡으로 사랑받는 곡이다.

피아노 소나타 11번 3악장 〈터키풍으로〉

모차르트가 작곡한 총 19개의 피아노 소나타 가운데 가장 유명한 곡이다. 모차르트가 22살에 오스트리아 빈에서 터키 군인들이 행진하는 모습을 보고 아이디어가 떠올라 작곡했다고 한다. 왼손을 어떻게 연주하느냐에 따라 느낌이 많이 달라진다. 전체 3악장 구성이며, 1악장보다 3악장이 훨씬 유명하다. 원래는 제목 없이 '론도 알라 투르카(Rondo alla turka)', 즉 '터키풍으로' 연주하라는 나타냄말만 적혀 있었는데, 우리나라에는 그 나타냄말에서 따온 '터키 행진곡'이 제목처럼 알려져 있다.

3

죽고 싶지만

죽고 싶지 않아

엘리제를 위하여

1770~1827

베 토 벤

베토벤

Ludwig van Beethoven

우리 아빠 교육열도
모차르트 아빠 못지않았지.

프로필

정식 이름	루트비히 판 베토벤
출생·사망	1770년~1827년
국적	독일
음악 사조	고전주의 음악
직업	작곡가, 피아니스트, 오르가니스트

대표곡

바가텔 25번 〈엘리제를 위하여〉

바이올린 소나타 5번 〈봄〉

교향곡 5번 〈운명〉

교향곡 9번 〈합창〉

피아노 소나타 8번 〈비창〉

피아노 소나타 14번 〈월광〉

관계성

루트비히 판 베토벤

#동명이인 #사랑해요_할아버지

요한 판 베토벤 #아들아_유명해져야지

토비아스 프리드리히 파이퍼

#스승 #음악은_즐거운_것

고틀로프 네페 #스승님은_한_줄기_빛

재미로 보는 인물 그래프

신문과 방송에서 자살이라는 단어가 들릴 때마다 가슴이 아프다. 2019년 기준 한국은 전 세계 자살률 1위로 하루 평균 38명이 자살한 것으로 나타났다. 더구나 10대부터 30대까지의 사망원인 1위가 자살이라니 정말 놀랍고 안타까운 일이다. 사람들은 어려운 상황에 처했을 때 종종 죽고 싶다는 말을 내뱉지만, 그 말은 정말 죽고 싶어서 하는 말이 아니다. 오히려 간절히 살고 싶은 마음의 반어적 표현일지 모른다.

작가나 화가, 음악가 등 예술가들 중에도 자살로 생을 마감한 사람들이 많다. 예술가들은 특히 천성이 예민하고 자기 주관이 강해 현실과 어우러지지 못한 채 살아가는 경우가 많았다. 다양성의 시대인 오늘날에는 아무리 별난 기질을 타고났더라도 각자 자기만의 삶의 방식을 찾아가지만, 과거에는 그러기가 쉽지 않았다. 그래서 현실의 벽에 부딪힌 많은 예술가가 스스로 목숨을 끊었다.

음악가 중에도 〈트로이메라이〉를 작곡한 로베르트 알렉산더 슈만, 〈나의 조국〉을 작곡한 베드르지흐 스메타나 등이 자살을 시도했다. 세계 3대 음악 거장 중 한 사람인 루트비히 판 베토벤 역시 오랫동안 자살 충동에 시달리며 유서를 쓰기까지 했다.

다행히 베토벤은 유서를 쓴 이후 오히려 더욱 활발한 작곡 활동을 했다. 만약 그때 베토벤이 정말 스스로 생을 마감했다면 우리는 그의 수많은 아름다운 곡을 듣지 못했을 것이다. 어쩌면 베토벤은 오늘날 우리에게 멋진 음악을 선물하기 위해 죽음 대신 삶을 선택한 것이 아닐까? 죽을 만큼 괴로웠지만 인간을 사랑했기에 다시 태어나게 된 베토벤의 삶 속으로 들어가 보자.

나의 살던 고향은 라인강

베토벤은 1770년 독일 본에서 태어났다. 7형제 중 4명이 어려서 죽어 3형제만 남았고, 베토벤은 그중 장남이다. 루트비히 판 베토벤이라는 이름은 할아버지 이름을 그대로 물려받은 것이다. 음악인의 길을 걸은 할아버지가 손자를 몹시 사랑해 자신의 이름을 붙여 주었다고 한다. 서양에서는 이렇게 선조의 이름을 그대로 물려받는 일이 흔하다. 그래서 이름 앞에 1세, 2세라는 표기가 붙는 것이다. 대표적인 예로 오스트리아 왈츠 작곡가인 요한 스트라우스 1세의 아들은 요한 스트라우스 2세다. '왈츠의 아버지'인 요한 스트라우스 1세는 〈라데츠키 행진곡〉을 작곡했고, '왈츠의 왕'인 요한 스트라우스 2세는 〈아름답고 푸른 도나우강〉 같은 유명한 왈츠곡을 남겼다.

어릴 적 포동포동하니 귀여웠던 베토벤은 할아버지와 산책

하기를 좋아했다. 독일 본에서 궁정 악장을 지낸 할아버지는 지역 사람들에게 꽤 존경받는 인물이었다. 베토벤은 산책 도중 사람들이 할아버지에게 인사하는 것을 보면 내심 으쓱한 마음이 들었다. 그런데 안타깝게도 할아버지는 베토벤이 4살 때인 1774년 세상을 뜨고 말았다. 테너 가수였던 베토벤의 아버지가 궁정 악장 자리를 물려받기를 원했지만, 당시 공작은 다른 사람을 악장으로 선택했다.

막냇동생이 태어날 무렵인 1776년에는 온 가족이 라인강이 보이는 곳으로 이사를 했다. 그 집은 원래 베토벤의 할아버지가 살던 집이었다. 베토벤은 할아버지의 향기가 묻어 있는 그 집을 특히 좋아했다. 유유히 흐르는 라인강도 늘 위안이 돼 주었다. 아버지의 억압과 채근에 시달려 괴로울 때면 멀리 펼쳐진 라인강을 바라보며 할아버지를 생각했다. 베토벤의 작품 곳곳에는 그의 감수성에 영향을 준 라인강의 향기와 아름다움이 깊이 스

♪ **지식 더하기** ✕ ⊖ ⊗

테너

높은 음역대를 부르는 남자 성악가, 또는 남자가 부르는 고음역대를 말한다. 성악가들은 성별에 따라 각기 다른 음역대를 부른다. 악보를 보면 남녀 성악가의 음역대가 각각 따로 표기돼 있다. 테너(tenor)는 라틴어 '테네레(tenere)'에서 유래한 말로, 이탈리아에서는 '테노레', 영어권에서는 '테너'라고 부른다. 오페라의 주인공은 대부분 테너가 맡는다.

며들어 있다. 라인강 지역의 추억을 담은 대표적인 곡으로 〈피아노 소나타 21번 '발트슈타인' 2악장〉이 있다. "나의 살던 고향은 꽃 피는 산골~"이라는 노래가 그렇듯이 베토벤이 어릴 적 살던 곳과 어머니를 그리워하는 마음을 담은 곡이다.

아버지의 스파르타식 교육법

아버지 요한 판 베토벤은 궁정의 가수이자 바이올리니스트였지만 그리 좋은 평가를 받지 못했다. 그 대신 요한은 아들 베토벤이 자신의 못다 이룬 꿈을 이뤄 주길 바랐다. 그런데 그 기대가 워낙 컸던 탓인지 아들에게 몹시 엄하게 굴었다. 특히 소리에 민감해서 집에서 음악 소리가 아닌 시끄럽게 떠드는 소리가 나면 화를 참지 못하고 자식들을 닦달했다. 베토벤이 피아노 연습을 할 때도 자유롭게 하도록 내버려 두지 않았다. 반드시 악보대로만 연주하기를 강요했다. 예술가에게 가장 중요한 표현의 자유를 빼앗았던 것이다. 음악을 하기 좋은, 풍부한 환경을 만들어 주었던 바흐의 아버지나 유럽 곳곳을 함께 여행하며 넓고 깊은 음악 세계를 보여 주었던 모차르트의 아버지와는 교육 방식이 많이 달랐다.

요한이 어린 아들에게 혹독하게 굴었던 것은 신동 아들 덕에 유명세를 탔던 모차르트의 아버지처럼 자신도 아들 덕을 보고 싶어 그랬다는 이야기도 있다. 그는 아직 어머니 품을 찾을 시기인 4살짜리 아들을 억지로 피아노 앞에 앉히고 날마다 무리하게 연습을 시켰다. 베토벤은 아버지 무릎에 앉아 피아노를 치기 시작했고, 조금 자라서 발이 바닥에 닿자 혼자 의자에 앉아 연습했다. 어머니 마리아 막달레나는 워낙에 몸이 안 좋아 자리에 누워 있을 때가 많았다. 어린 베토벤은 그런 어머니 대신 유모에게 의지하곤 했다.

1776년 6살의 베토벤은 학교에 갈 나이였지만 갈 수가 없었다. 아버지가 입학하지 못하게 한 것이다. 아버지는 베토벤이 오로지 집에서 피아노 연습만 하기를 강요했다. 베토벤은 음악 공부만 하다 보니 산수도 잘 몰랐고, 편지는 오자투성이에 어휘력도 부족했다. 그런 콤플렉스 때문에 나중에는 다독을 하며 부족한 교양과 철학을 쌓았다. 19살에는 본 대학에 들어가 볼프강 폰 괴테와 프리드리히 실러의 문학에 심취하기도 했다.

천재는 천재를 알아보는 법

베토벤은 어릴 적 아버지 외에도 주변의 친척이나 지인 들에게 음악을 배웠다. 그중에 토비아스 프리드리히 파이퍼라는 배우이자 가수는 아버지와 달리 베토벤에게 음악의 즐거움을 일깨워 줬다.

"진정으로 좋은 음악은 교과서에 쓰인 게 아니라 바로 베토벤 네 마음속에 있는 거란다. 오직 네가 느끼는 것만이 진실이고, 진실된 것만이 아름다운 법이지."

파이퍼의 이런 가르침 덕에 베토벤은 자유로운 연주에 눈을 뜨게 됐다. 자유롭게 표현하다 보니 그의 연주는 훨씬 더 새롭고 아름답게 들렸다. 아버지는 술에 취하면 사람들에게 그런 아들의 실력을 자랑했다. 사람들을 집으로 불러들여 아들의 재주를 자랑하는 것이 그의 큰 낙이었다. 하지만 그는 아들이 자유로운 연주를 통해 실력이 향상되고 있다는 걸 알지 못했다. 여전히 교재 안의 악보에서 한 치도 벗어나지 못하게 했다. 베토벤은 아버지가 손님들을 초대해 자신에게 연주를 하게 할 때마다 조마조마했다. 실수라도 했다가는 나중에 아버지에게 크게 혼나기 때문이었다.

베토벤이 11살이 되자 아버지는 궁정의 오르가니스트인 크리스티안 고틀로프 네페에게 아들을 부탁한다. 네페는 베토벤의 실력을 대번에 알아보고 자신의 조수로 채용하고는 열성적으로 음악을 가르쳤다. 스승 네페 덕분에 베토벤은 작곡의 기초를 자세히 배울 수 있었고, 바흐의 《평균율 클라비어곡집》이나 모차르트의 여러 작품을 통해 비로소 본격적으로 음악 공부를 할 수 있었다. 또 네페는 여러 음악 공연에 베토벤을 데리고 다니며 좀 더 풍부한 음악 세계를 경험하게 했다. 베토벤에게 아버지 요한은 그늘이었지만, 스승 네페는 한 줄기 빛이었다.

1787년 베토벤은 막시밀리안 프란츠 대주교의 후원 아래 오스트리아 빈으로 떠났다. 당시 유럽 음악의 중심지였던 빈은 음악인들에게 꿈의 무대였다. 17살의 베토벤은 모차르트를 찾아가 바흐의 《평균율 클라비어곡집》에 수록된 곡을 연주했다. 《평균율 클라비어곡집》은 건반 악기 연주 교본의 '절대지존'으로 세계 어느 나라에서나 입학 시험, 오디션, 콩쿠르 등에서 자주 이용된다. 그런데 베토벤은 너무 긴장한 탓에 실력 발휘를 제대로 하지 못했다. 용감한 베토벤은 실수를 만회하기 위해 즉흥곡을 연주하겠다고 당당히 말했다. 그러자 모차르트는 당시 작곡 중이던 오페라 《돈 조반니》의 악보를 내밀었다. 베토벤은 당황하지 않고 왈츠 선율을 연주했다. 처음 보는 악보인데 무리 없이 즉흥 연주를 해낸 베토벤을 두고 모차르트는 이렇게 말했다.

"저 녀석은 앞으로 음악사에 어마어마하게 큰 업적을 남길 거야. 세상을 놀라게 할 만한 인재가 나타났어!"

천재는 천재를 알아보는 법이다. 모차르트에게 인정받은 실력인데 더 이상 의문의 여지가 있을까?

베토벤, 죽기로 결심하다!

꿈의 무대가 있는 빈에 갔건만 얼마 지나지 않아 어머니가 위독하다는 소식을 듣게 됐다. 베토벤은 한시바삐 고향으로 발길을 돌렸다. 사랑하는 어머니의 임종은 꼭 지키고 싶었다. 다행히 짧은 기간이나마 어머니의 마지막 순간을 함께하며 이별을 준비할 수 있었다.

어머니는 1787년 7월 세상을 떠났다. 그 무렵부터 안 그래도 알코올의존증이 있었던 아버지가 더더욱 술에 찌들어 살기 시작했다. 베토벤은 고향에 머물며 집안을 돌봐야 했다. 그는 본 극장 오케스트라에서 비올리스트(비올라 연주자)로 활동하며 생계를 이어 갔다.

1792년 베토벤은 다시 오스트리아 빈으로 향했다. 당시 독일은 나폴레옹이 이끄는 프랑스 혁명군이 라인 지역을 점령하고 있어서 더 이상 본에 머무르기가 힘들었다. 빈으로 떠난 베토벤은 그곳에서 제2의 음악 인생을 시작했다. 비록 모차르트는 바로 지난해에 죽고 없었지만, 그 대신 '교향곡의 아버지'인 프란츠 요제프 하이든이 그를 친절히 맞아 주었다.

베토벤은 57년 생애 중 22년은 고향인 독일 본에서, 나머지 35년은 예술의 본고장인 오스트리아 빈에서 살았다. 이미 모차르트에게 인정받은 만큼 빈에서의 음악 인생은 순조로워 보였다.

그런데 20대 후반이 되면서 귀에 이상을 느끼기 시작했다. 소리가 점점 들리지 않게 됐다. 다른 예술도 아닌 음악을 하는 베토벤에게 청력을 잃을지도 모른다는 불안감은 죽음과도 같은 공포였다. 32살의 가을, 그는 요양하기 위해 머무르던 빈 외곽의 작은 집에서 동생들에게 편지 형식의 유서를 썼다.

칼과 요한 보아라!
내가 증오에 차 있고 고집불통이며 사람들을 혐오한다고 생각하는 너희들, 또는 나를 그런 사람이라 오해하는 너희들이 얼마나 미웠는지 알기나 하니? 나는 늘 사람에 대한 호의와 온정으로 가득 찼는데 그런 내 마음을 모르는 너희와 주변 사람들이 원망스러웠어. 난 항상 좋은 일, 훌륭한 일만 하려고 애썼지만 세상이 나를 받아 주질 않더구나. 언제쯤 세상이 나를 반갑게 맞이해 줄 수 있을까. 난 사실 오래전부터 귀가 들리지 않았어. 그래서 더욱 화난 사람처럼 큰 소리로 말을 하게 됐고, 너희들 곁에 다가가기가 힘들었지. 내가 그토록 좋아하는 음악을 더 이상 들을 수 없다는 것이 얼마나 절망스러운 일인지 너희는 모를 거야. 난 내가 작곡한 음악을 평생 들으며 살고 싶어. 그 소박한 꿈을 왜 신은 짓밟아 버린 건지…….
난 더 이상 살아야 할 이유가 없어.

베토벤의 유서는 어쩌면 고통에 빠진 자신을 좀 알아 달라는 구호 요청이었는지 모른다. 오랫동안 남몰래 귓병을 앓으며 괴로워하던 그는 더 이상 이겨 낼 힘이 없었다. 음악가로서 스스로 귓병을 밝히는 것은 자존심 강한 베토벤에게 너무도 치명적인 일이었다. 누구든 자신의 신체적, 정신적 약점을 드러내고 '커밍아웃'하는 데는 큰 용기가 필요하다. 베토벤은 많은 사람 앞에서 비루해지느니 차라리 죽고 싶었다. 하지만 천만다행히도 유서를 통해 자신을 돌아보면서 마음을 다스릴 수 있었다. 오히려 그 유서 사건이 베토벤이 다시금 우뚝 일어서는 계기가 됐다.

절망에서 탄생한 걸작

막상 유서를 쓰고 나니 오히려 창작에 대한 욕구가 샘솟기 시작했다. 아직 만들고 싶은 곡이 너무 많은데 이대로 죽을 수는 없다는 생각이 들었다. 그래서 다시 곡을 쓰기 시작했다. 집 안에 틀어박혀 작곡에 몰두했으며 그 외 시간에는 독서를 했다. 머리를 식힐 때면 커피를 끓여 마셨다. 커피콩을 일일이 세어서 딱 60알만 갈아 마셨다고 한다. 창작에 혼을 다한 결과 1804년 선보인 〈**교향곡 3번 '영웅'**〉(이하 〈영웅〉)은 기존의 뛰어난 작곡가들의 교향곡을 압도하는 놀랄 만한 성취를 보였다.

베토벤은 〈영웅〉을 시작으로 10년 이상 왕성하게 창작열을 불태워 수많은 곡을 발표했다. 차이콥스키의 〈비창〉, 슈베르트의 〈미완성 교향곡〉과 함께 세계 3대 교향곡으로 손꼽히는 〈교향곡 5번 '운명'〉(이하 〈운명〉)도 이 시기에 작곡한 것이다.

시련을 딛고 창작의 혼을 불태웠다고는 하지만 창작 과정에서도 베토벤은 고통과 싸워야 했다. 귀는 여전히 잘 들리지 않았고, 나폴레옹의 득세로 유럽 곳곳이 시끄러웠다. 그런 혼란 속에서 베토벤은 사람도 만나지 않고 오직 창작에만 몰두했다. 어쩌면 〈운명〉은 베토벤이 운명을 받아들이고 고통스럽게 극복해 나가는 자신의 모습을 담은 곡인지 모른다.

유서를 쓴 지 10여 년이 지난 1814년 무렵 나폴레옹 전쟁은 끝나 가고 있었고, 베토벤의 명성은 절정에 치달았다. 유서에서 애절하고 고통스럽게 절규하던 베토벤의 모습은 더 이상 찾아볼 수 없었다. 전쟁이 끝나고 빈에서 열린 국제 회의 개회식에서는 베토벤의 교향곡 7, 8번이 울려 퍼졌다.

♫ 지식 더하기 　　　　　　　　　　　　　　⊗ ⊖ ⊘

교향곡

'심포니(symphony)'라고 부르며 관현악단이 연주하는 다악장 형식의 기악 장르를 말한다. 독주 악기곡의 주요 장르가 소나타라면 관현악곡의 주요 장르는 교향곡이다. 보통 4악장이 기본이지만 세월이 흐르면서 5악장에서부터 7악장까지 다양한 곡이 나오게 됐다. '동시에 울린다'라는 뜻의 그리스어 '심포니아(symphonia)'에서 비롯된 단어로, 연주자들이 조화롭게 연주하는 것이 중요하다.

베토벤은 죽음을 앞두고 이렇게 말했다.

"인생은 아름다운 것인데 내 인생에는 씻을 수 없는 독이 들어 있었다."

청각 상실이라는 독 때문에 고통스러운 삶이었지만, 그 독이 바로 '음악의 성인聖人' 베토벤을 세상에 나오게 했다.

교향곡 〈영웅〉 악보의 제목 페이지
베토벤은 〈영웅〉을 시작으로 수많은 걸작을 작곡해 냈다.

바가텔 25번 〈엘리제를 위하여〉

베토벤이 사랑했던 여인 테레제 말파티(Therese Malfatti)를 위해 작곡한 곡인데, 베토벤의 악필 때문에 T를 E로 잘못 읽어 '테레제'가 아니라 '엘리제'가 되었다고 한다. 잘못 읽어서 오히려 멋진 제목이 탄생한 것 같은 '엘리제를 위하여'. 누군가 사랑하는 사람이 생기면 꼭 연주해 주고 싶은 짧지만 아름다운 곡이다. 명곡집 맨 첫 곡으로도 자주 등장한다.

 교향곡 5번 〈운명〉

지구상에서 가장 유명한 클래식을 딱 한 곡만 고르라면 분명 순위 안에 뽑힐 명곡이다. '운명'이라는 제목은 베토벤이 직접 붙인 것이 아니다. 다만 1악장의 첫머리에 대해 "운명이 문을 두드리는 소리"라고 표현한 베토벤의 말에서 유래한 제목이다. "빠바바 밤~" 하며 시작하는 첫 멜로디는 한번 들으면 머릿속에 강하게 남는다.

4

인간의 한계를

라 캄파넬라

넘어선 재능

1782~1840

파가니니

파가니니

Niccolò Paganini

나에 대한 루머가
왜 이리 많죠?

프로필	대표곡

프로필

정식 이름   니콜로 파가니니
출생·사망   1782년~1840년
국적   이탈리아
음악 사조   낭만주의 음악
직업   바이올리니스트, 작곡가

대표곡

바이올린 협주곡 2번 3악장 〈라 캄파넬라〉
바이올린과 기타를 위한 소나타 6번
24개의 카프리스 중 24번

관계성

프란츠 리스트 #파가니니는_넘사벽이야
양인모 #한국인_초초_파가니니_국제_바이
올린_콩쿠르_우승자
주세페 과르네리 #파가니니_너만_써 #바
이올린_제작자

재미로 보는 인물 그래프

사교성
노력
수명
행복
천재성

재능은 타고나는 것일까, 길러지는 것일까? 재능의 사전적 의미는 어떤 일을 하는 데 필요한 재주와 능력이다. 그렇다면 재주와 능력은 어떻게 생겨나는 것일까? 굳이 구분해 말하자면 재주는 타고나는 것이고, 능력은 노력과 열정을 통해 길러진다고 할 수 있다. 재능 있는 예술가들은 남다른 재주를 타고나기도 했지만, 노력과 열정으로 그 재주를 능력, 곧 실력으로 키워 낸 것이다. 그런데 노력과 열정보다는 타고난 재주가 지나치게 뛰어나 '악마'라는 소리까지 들었던 음악가가 있다. 바로 이탈리아의 바이올리니스트 니콜로 파가니니다.

　　연주 실력이 얼마나 대단했는지 바이올린을 연주하는 파가니니 앞에서 광기를 일으킨 사람도 한둘이 아니었다고 한다. 특히 바이올린 줄을 두 개만 걸고 연주하는 모습은 감탄을 넘어서 거의 두려움을 느끼게 할 정도였다. 한번은 두 개의 줄만 사용한 연주를 마치고 나자 한 관객이 도발적인 질문을 던졌다.

　　"혹시 하나의 줄만 사용해서 연주할 수 있나요?"

　　그 후 파가니니는 정말로 G현 하나로만 연주하는 곡을 만들었다. 이 작품을 무대에 올렸을 때 사람들은 경악을 금치 못했다. 줄 하나로만 연주를 하다니, 인간의 능력으로는 불가능해 보이는 일이었다. 사람들은 혹시 무대 어딘가에 바이올린 소리를 내는 요괴가 숨어 있지 않나 의심했다. 보이지 않는 요괴의 손이 바이올린 활을 움직이고 있다느니, 파가니니의 몸에 사탄이 숨어 있어 연주할 때마다 도와주고 있다느니 하며 수군거렸다. 파가니니가 악마에게 영혼을 팔아 재능을 얻었다는 흉흉한 소문은 이렇게 해서 생겨난 것이다.

음악은 기쁨이자 밥벌이

파가니니는 1782년 이탈리아 제노바에서 태어났다. 날 때부터 병치레가 잦았던 그는 4살 때 심한 홍역으로 죽음의 문턱까지 다녀왔고, 훗날 연주 여행을 할 때도 건강 악화로 한동안 고생했으며, 말년에는 결핵에 걸려 결국 죽음에 이르렀다.

파가니니는 5살 때부터 바이올린을 켜기 시작했다. 실력이 얼마나 뛰어나고 빠르게 늘었는지 스승들이 부담스러워할 정도였다. 반년만 배우면 스승의 실력을 뛰어넘을 정도여서 거의 독학을 해야 했다. 아버지는 아들 파가니니가 음악에 전념하고 최대한 실력을 발휘할 수 있도록 늘 격려하고 지지했다. 아니, 사실은 무리해서 연습하게 했다. 베토벤의 아버지처럼 아들을 이용해 돈을 벌려는 욕심이 있었다. 자신이 도박해서 날린 돈을 아들의 재능으로 메꾸려 했던 것이다. 이런 집안 환경의 영향인지 파가니니는 자신의 음악 활동을 상품화하는 데 일찍이 눈을 떴다. 그에게 음악은 기쁨인 한편 생존에 필요한 수단이었다.

파가니니는 11살인 1793년 첫 공개 연주회를 열어 대단한 성공을 거뒀다. 그는 10대 초반에 이미 기존의 연주 기법을 대부분 익혔고, 15살 무렵에는 하루 열 시간 이상 연습하며 혼자서 새로운 기법을 습득해 나갔다. 그 노력의 결과는 무대에서 여실히 드러났다. 1799년 17살의 파가니니는 이탈리아 북부에서 열광적인 환영을 받으며 명성과 부를 얻었다.

파가니니는 무엇이든 습득하는 능력이 뛰어났다. 심지어 아버지가 도박을 하는 모습을 보고 도박의 재미까지 배우고 말았다. 도박에 손을 댄 그는 연주회로 벌어들인 돈을 다 날리고 빚을 떠안게 됐다. 심지어 아끼는 바이올린까지 팔아야 할 정도였다. 그의 사정을 딱하게 여긴 한 사람이 더 좋은 바이올린을 선물하며 이렇게 말했다.

"파가니니! 이 바이올린은 당신만 연주한다고 약속해 줘요."

파가니니는 그 약속을 꼭 지키겠다고 다짐했다. 그때 선물받은 바이올린이 바로 세계 최고의 바이올린으로 알려진 **과르네리 델 제수**다.

약속대로 그 바이올린은 파가니니 말고는 그 누구도 연주하지 않은 채 현재까지 박물관에 보관돼 있다. 다만 파가니니 국

과르네리 델 제수

이탈리아의 바이올린 제작 명장인 주세페 과르네리가 1743년에 만든 것이다. 과르네리 가문은 주세페 과르네리의 할아버지부터 악기를 만들기 시작해 오늘날 세계적인 악기 제작 명가로 알려져 있다. 가톨릭교도였던 주세페 과르네리는 자신이 만든 모든 악기에 십자가 모양과 '예수'를 뜻하는 그리스어 약자 I.H.S.를 새겨 넣었다. '예수'를 이탈리어로 옮기면 '제수(Gesui)'가 되기에 그가 만든 악기들은 '과르네리 델 제수'라고 부르게 됐다.

제 바이올린 콩쿠르의 우승자는 그 바이올린을 연주할 수 있다고 한다. 1954년부터 파가니니의 고향 제노바에서 열리고 있는 이 콩쿠르에서 한국인도 몇 차례 우승을 거머쥐었다. 2015년에는 20살의 바이올리니스트 양인모가 1위 수상의 영예를 차지했다.

곡 난이도 별 다섯 개

부지런히 연주 활동을 하던 파가니니는 1801년부터 1804년까지 무대에 모습을 드러내지 않았다. 천재 파가니니가 갑자기 사라지자 살해된 것이 아니냐는 흉흉한 소문이 돌았다. 하지만 당시 그는 이탈리아 토스카나에 사는 한 귀부인과 동거 중이었다. 활동을 잠시 쉬는 대신 그동안 돌보지 못했던 몸을 추스르고 실력을 키우는 데 힘쓰고 있었다. 그러니까 그는 2보 전진을 위해 1보 후퇴했던 것이다.

이 기간에 그는 **더블 스톱**과 **피치카토, 하모닉스** 등 자신만의 독특한 연주 기법을 연마했다. 이런 연주법을 좀 더 가까이에서 직접 보고 싶다면 뮤지컬 〈파가니니〉를 관람해 보길 추천한다. 2019년 공연에서는 바이올리니스트이자 배우인 콘^{KON}이 무대에 올라 직접 연주했는데, 왼손의 수려한 피치카토 연주를 직접 볼 수 있다.

파가니니의 무반주 바이올린 독주곡인 《24개의 카프리스》에는 그의 화려하고 복잡한 기법이 다양하게 나타난다. 여기서 카프리스^{caprice}란 일정한 형식에 구속받지 않고 자유로운 요소가 강한 기악곡을 말한다. 《24개의 카프리스》는 발표 당시 매우 독창적이고 까다로운 기법을 사용한 명곡으로 알려지면서 많은

🎵 **지식 더하기**　　　　　　　⊗ ⊖ ⊗

더블스톱
두 음 이상의 여러 음을 동시에 누르는 연주법. 중음 주법이라고도 부르며, 독어로는 '도펠그리프(doppelgriff)'라고도 한다. 현악기나 건반 악기에서 여러 음을 함께 누르는 연주 기법이라 한 음만 누르는 것보다 어렵다.

피치카토
활 대신 손가락으로 줄을 튕겨서 소리 내는 연주법.

하모닉스
배음(진동수의 배가 되는 음)을 얻기 위해 현을 적당한 힘으로 눌러 아름다운 소리를 내는 기법으로, 음을 제대로 짚는 게 핵심이다. 원래 울리는 처음의 한 음을 잘 눌러야 배음도 잘 울린다.

음악가에게 도전 정신을 불러일으켰다. 특히 헝가리 피아니스트이자 작곡가인 프란츠 리스트를 비롯해 브람스, 라흐마니노프 등은 피아노곡도 좀 더 새로워져야 한다며 파가니니의 멜로디를 참고해 여러 난곡을 만들어 냈다. 오늘날 《24개의 카프리스》는 바이올린 연주 실력을 평가하는 대표적인 작품이며, 바이올린 전공자들이 넘어야 하는 거대한 산 중 하나가 되었다.

파가니니는 그 밖에도 바이올린을 위한 명곡을 많이 작곡했지만, 《24개의 카프리스》와 〈바이올린 협주곡 1번〉, 〈바이올린 협주곡 2번〉 외에는 출간된 악보가 많지 않다. 그는 악보가 출간되어 남들에게 알려지는 것을 꺼렸고, 자신의 창작곡을 남들이 연주하는 것도 좋아하지 않았다. 심지어 연주회도 리허설 때 실력을 다 드러내지 않고 정식 연주회 때 딱 한 번만 모든 것을 보여 줬다. 그는 특별히 제자를 두지도 않았기에 그의 속사정을 제대로 아는 이가 없었다. 그야말로 신비로운 인물, 비밀에 싸인 음악가였다. 미국 기업 애플이 추구하는 '비밀주의'처럼 숨길수록 대중은 그에 대한 호기심과 궁금증으로 목말라했다. 베일에 가려진 모습과 마술 같은 연주 실력으로 파가니니를 향한 관심과 인기는 더더욱 치솟았다.

리스트를 울린 명곡 〈라 캄파넬라〉

1804년 22살의 파가니니는 토스카나 생활을 마치고 제노바로 돌아와 다시 연주 활동을 시작했다. 1828년까지 무려 20년간은 이탈리아에만 머물며 순회 연주를 했다. 이 시기에 작곡한 〈바이올린 협주곡 2번 3악장 '라 캄파넬라'〉(이하 〈라 캄파넬라〉)는 리스트가 편곡을 하면서 더욱 유명해졌다. 그 후 바이올리니스트 프리츠 크라이슬러도 바이올린 독주곡으로 편곡했고, 근대에 와서도 몇몇 음악가들이 편곡의 대상으로 삼았던 매력적인 곡이다.

캄파넬라campanella는 이탈리아어로 '작은 종'을 뜻하는 말로 파가니니는 교회의 종소리에서 영감을 얻어 이 곡을 만들었다. 파가니니의 〈라 캄파넬라〉 원곡을 들어 보면 바이올린 소리 사이로 작은 종소리가 울려 퍼진다. 오늘날에는 리스트의 피아노곡으로 더 잘 알려져 있으며, 피아노의 고음부가 내는 종소리가 많은 사람을 매혹한다.

리스트는 청년 시절 파가니니의 연주회에 갔다가 이 곡을 듣고는 펑펑 울었다고 한다. 그때 그는 이런 생각을 했다. '나는 죽어도 파가니니의 바이올린 실력을 따라가지 못할 거야. 그 어떤 바이올리니스트도 저런 연주를 할 수 없을 거야. 다만 파가니니가 최고의 바이올리니스트라면 나는 피아노계의 파가니니가 되겠어!' 이것은 다짐으로 그치지 않았다. 1830년에서 1850년대 사이에 파가니니와 리스트는 각각 바이올린과 피아노의 대표 주자로 손꼽히는 음악가였다. 파가니니나 리스트가 연주회장에 가기 위해 마차를 타고 나타나면 사람들이 몰려나와 마차에서 말을 떼어 내고 자신들이 직접 마차를 끌었을 정도였다.

19세기 유럽의 인플루언서

파가니니가 이탈리아를 벗어나 해외에서 연주를 시작한 것은 그의 나이 46살 때였다. 물론 유럽에는 이미 그의 이름이 널리 퍼져 있었다. 1828년 3월 오스트리아 빈에서 펼친 연주회가 대성공을 거둔 것은 당연한 수순이었다. 당시 그의 인기가 얼마나 치솟았는지 상점마다 파가니니의 이름을 팔아 영업에 나섰다. 이른바 '파가니니 스타일'을 내세워 양복, 모자, 장갑, 구두 등을 팔았다. 아마 그 당시 인스타그램 같은 SNS가 있었다면 파가니니는 대단한 인플루언서가 됐을 것이고, 그가 유튜버였다면 '골드 버튼'을 받았을 것이다.

오스트리아 순회를 마친 그는 이어서 독일, 폴란드, 파리, 영국 등으로 건너가 도시 곳곳을 돌며 연주를 했다. 물론 가는 곳마다 기다렸다는 듯 열광적인 환호로 그를 맞아 주었다.

파가니니는 외모부터 범상치 않았다. 초상화 속 그의 모습은 깡마른 얼굴에 깊이를 알 수 없는 눈동자, 양 뺨을 뒤덮을 듯

1831년, 파가니니 연주회 포스터
파가니니는 유럽에서 순회 공연을 하면서 음악뿐만 아니라,
'파가니니 스타일'로 유명했다.

숱이 많은 구레나룻이 특징이다. 외모만 보더라도 어딘가 먼 미지의 세계에서 넘어온 사람 같다. 외모 역시 보통 사람과는 다른 '파가니니 스타일'이었다! 무대에 오르면 그는 눈을 감고 연주했다. 악보도 없이 신들린 듯 연주하는 모습을 보고 있노라면 악마에게 영혼을 팔았다느니, 몸 안에 악마가 숨어 있다느니 하는 소문이 진짜처럼 느껴졌다고 한다.

　파가니니가 더 궁금하다면 그의 일생을 그린 영화 〈파가니니〉도 있으니 찾아보기 바란다. 작품 전반에서 〈24개의 카프리스 중 24번〉(이하 〈카프리스 24번〉)의 멜로디가 흐른다. 박찬욱 감독의 영화 〈친절한 금자 씨〉에서는 금자 씨가 등장하는 주요 장면에 〈라 캄파넬라〉와 〈카프리스 24번〉이 자주 흘러나온다.

약 5년간 유럽 곳곳을 다니며 연주하던 파가니니는 1832년부터 이탈리아 북부의 도시 파르마에 정착한다. 말년에는 프랑스에 자주 드나들며 음악 활동을 했다. 건강이 나빠진 것은 1834년 들어서였다. 이때부터 연주 활동이 뜸해졌고, 결핵으로 고생하던 그는 1840년 프랑스 남부 도시 니스에서 58세로 생을 마감했다.

바이올린 협주곡 2번 3악장 〈라 캄파넬라〉

3악장의 트라이앵글 소리가 이 곡을 한층 특별하게 만든다. 프란츠 리스트는 이 멜로디를 주제로 파가니니 연습곡을 작곡했다. 곡 속에서 아련하게 울려 퍼지는 종소리를 들으면 누구라도 3악장, 즉 〈라 캄파넬라〉를 좋아하지 않을 수 없다.

《24개의 카프리스》 중 24번

파가니니는 바이올린을 위한 명곡을 많이 작곡했는데, 그중 《24개의 카프리스》의 마지막 24번 곡이 가장 유명하다. 2015년 파가니니 국제 바이올린 콩쿠르에서 1위 수상의 쾌거를 이룬 양인모의 연주로 들어 보자. 클라라 주미 강의 연주도 함께 감상해 보시길!

5

피아노의 시인은

찐 내향인

로망스

1810~1849

쇼   팽

쇼팽

Frédéric François Chopin

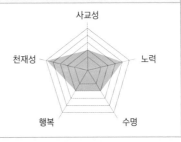

아, 무대에서
기절해 버렸네….

프로필		대표곡
정식 이름	프레데리크 프랑수아 쇼팽	피아노 협주곡 1번 2악장 〈로망스〉
출생·사망	1810년~1849년	녹턴 2번
국적	폴란드	녹턴 20번
음악 사조	낭만주의 음악	폴로네즈 3번 〈군대〉
직업	피아니스트, 작곡가, 교사	연습곡 5번 〈흑건〉
		전주곡 15번 〈빗방울〉

관계성

조르주 상드 #불륜

　#문화_예술계의_스타_커플

프란츠 리스트 #우정과_라이벌_사이

재미로 보는 인물 그래프

사교성
천재성
노력
행복
수명

"아 망쳤어. 연습할 때는 잘했는데 막상 무대에 올라가니까 머릿속이 하얘졌어. 악보가 하나도 생각이 안 나더라고!"

음악을 전공하는 학생들이 실기 시험을 보고 와서 흔히 하는 말이다. 이렇게 무대만 올라가면 너무 긴장해서 실력 발휘를 제대로 하지 못하는 사람들이 있다. 꼭 무대가 아니더라도 우리는 살면서 이런 상황을 자주 맞닥뜨린다. 기껏 열심히 준비해 놓고 막상 실전에 임하면 준비했던 걸 깡그리 잊어버리거나 생각지 못한 실수를 하게 된다. 보통은 성격이 내향적이고 소심한 사람들이 이런 상황을 자주 마주한다. 하지만 소심함이 꼭 부정적으로 작용하는 것은 아니다. 소심한 사람들은 남들보다 훨씬 더 세심하고 신중하며 빈틈이 없다. 남들이 듣지 못하는 것을 듣고, 남들이 느끼지 못하는 것을 느끼는 등 감수성이 매우 예민한 사람들이 많다.

세계 음악사에도 이런 유형의 인물들이 있었다. 대표적인 인물이 바로 폴란드가 낳은 세계적인 피아니스트 프레데리크 프랑수아 쇼팽이다. 목소리도 작고 조심성이 많았던 쇼팽은 대중 앞에서 연주하기를 부담스러워했다. 평소에도 사람들과 함께 있으면 남들 따라서 웃고 마음에도 없는 말을 해야 하는 게 불편했다. 사람들은 그를 두고 소심하다고 했지만, 사실 쇼팽은 그 누구보다 예민하고 세심하며 완벽을 추구하는 인물이었다. 이러한 성향이 그의 음악 활동에는 어떤 영향을 미쳤는지, 쇼팽이 어떻게 세계 최고의 피아니스트가 되었는지 그의 생애 속으로 한번 들어가 볼까?

폴란드에 소문난 영재

쇼팽은 폴란드의 수도 바르샤바에서 45킬로미터쯤 떨어진 젤라조바볼라에서 1남 3녀 중 둘째로 태어났다. 바르샤바 고등학교에서 프랑스어를 가르쳤던 아버지는 프랑스인이지만 폴란드에 애정이 깊은 사람이었다. 폴란드 귀족 가문 출신인 어머니는 자식들뿐 아니라 동네 아이들에게도 무척 자상했다. 쇼팽은 어머니 손에 이끌려 처음으로 피아노 앞에 앉게 됐으며, 4남매 중 어머니를 가장 잘 따랐던 외아들이었다. 훗날 그의 연인이 된 소설가 조르주 상드는 "어머니야말로 쇼팽이 진실로 사랑한 유일한 여성이었다"라고 말했다.

쇼팽은 6살 때부터 체코 출신 피아니스트에게 본격적으로 피아노를 배우기 시작했다. 폴란드 민속 무곡의 선율에 이끌렸던 그는 7살 때 **폴로네즈** 두 곡을 작곡해 사람들을 놀라게 했다. 그리고 1818년 8살 때 생애 첫 공개 연주를 했다. 그때 어머니가 만들어 준, 하얀색 큰 칼라가 달린 검은색 벨벳 셔츠에 짧은 바지, 흰 양말 차림으로 무대에 섰다고 한다. 첫 연주회를 계기로 어린 쇼팽의 천재성이 폴란드 전역에 알려지게 됐다. 1816년부터 쇼팽을 가르쳤던 피아니스트는 1822년이 되자 더는 가르칠 게 없다며 스스로 물러났다.

바르샤바 중학교에 입학한 14살 쇼팽은 작곡에 뛰어난 재능을 보였고, 희곡을 써서 공연할 만큼 연극에도 큰 흥미를 느꼈다. 아버지 생일에 누이들과 함께 〈탄로난 사기꾼의 최후〉라는 시 형식의 희극을 써서 축하 공연을 하기도 했다. 당시 공연 관람자였던 부모님과 아버지의 친구들이 매우 기뻐했다고 한다. 쇼팽은 만화에도 소질을 보였다. 그는 틈틈이 만화를 그리며 놀았고, 친구들의 캐리커처를 재미있게 그려서 친구들이 매우 좋아했다. 내성적이지만 재치 있고 유머가 있는 소년이었다.

♫ **지식 더하기** ⊗ ⊖ ⊙

폴로네즈

폴란드의 민속춤 또는 그 곡을 말한다. 남녀가 동그랗게 둘러서서 3/4박자에 맞춰 원형을 그리며 춤춘다. 폴란드 출신의 쇼팽은 어릴 적부터 전통 무곡의 선율에 매력을 느껴 여러 폴로네즈곡을 만들었다. 보통 빠르기나 느린 빠르기로 연주하며 다른 민속춤과는 엄연히 구분되는 특징이 있다. 18~19세기에 주로 흥행했다.

폴란드 젤라조바볼라에 있는 쇼팽이 태어난 집

쇼팽은 음악부터 연극, 만화에 이르기까지 재능이 많은 소년이었다.

고백은 못 해도 피아노는 잘 치지

1826년 16살의 쇼팽은 바르샤바 음악원에 들어갔다. 다방면의 문화 예술에 관심이 많았던 그는 음악뿐만 아니라 여러 문학 강의를 들으며 문학에 심취하기도 했다. 이때 성악과 여학생을 사랑하게 됐지만 수줍은 성격 탓에 고백도 하지 못하고 혼자서 끙끙 앓았다. 결국 그의 첫사랑은 짝사랑으로 끝이 났고, 쇼팽은 그녀에 대한 애끓는 마음을 담아 〈피아노 협주곡 2번〉과 〈피아노 협주곡 1번〉을 작곡했다.

사실 작품 번호 21번(Op.21)인 〈피아노 협주곡 2번〉을 먼저 작곡하고 작품 번호 11번(Op.11)인 〈피아노 협주곡 1번〉을 나중에 작곡했는데, 출판사 측의 사정으로 Op.11를 먼저 출간하면서 Op.11이 〈피아노 협주곡 1번〉이 되었다고 한다. 쇼팽은 이 곡에 대해 "추억을 떠올리는 아름다운 봄날의 달밤을 바라보는 심정으로 낭만에 젖어 썼다"고 고백했다. 피아노 협주곡을 비롯한 그의 작품 전반에는 극적이고 시적인 표현이 두드러지게 나타난다. 작품 각각에서 한 편의 그림을 보는 듯한 느낌이 들기도 한다. 러시아의 피아니스트 안톤 루빈시테인은 이러한 쇼팽을 '피아노의 시인', '피아노의 영혼'이라고 표현했다.

쇼팽은 작곡을 할 때 피아노를 쳐 가면서 했다. 연주하고 또 연주하면서 마음에 드는 선율이 머릿속에서 완전히 정리가 돼

야만 악보로 옮겼다고 한다. 사랑하는 여인에게 고백도 못 할 만큼 소심했지만, 소심한 만큼 섬세하고 신중하고 완벽했던 그의 성격을 확인할 수 있는 대목이다.

바르샤바 음악원을 졸업한 쇼팽은 이후 이탈리아, 오스트리아 등지를 돌며 연주 활동을 펼쳤다. 이즈음 〈피아노 협주곡 2번〉을 발표해 대단한 성공을 거두었다. 1830년 20살의 그는 음악의 중심지인 오스트리아 빈으로 가서 자리를 잡기로 결심했다. 바르샤바를 떠나기 전 펼친 고별 연주회에서 그는 〈피아노 협주곡 1번〉을 직접 연주했으며, 그의 첫사랑 여인이 초대를 받고 나와 독창곡을 불렀다.

보통 피아노 협주곡이라 하면 관현악이 반주를 하고 피아노가 독주 악기로 연주하는 형식인데, 쇼팽의 곡에서 관현악은 피아노의 보조 역할을 할 뿐이었다. 오케스트라보다 피아니스트의 비중이 훨씬 큰 것이다. 이러한 그의 작곡법을 얕보고 비하하는 사람도 있었지만, 쇼팽은 피아노의 아름다움을 관현악의 큰 소리로 덮고 싶지 않았다. 이것이 바로 '쇼팽 스타일'이었다.

1830년 10월, 고별 연주회를 마친 뒤 쇼팽은 폴란드를 떠났다. 친구들은 쇼팽에게 조국을 잊지 말라며 은잔에다 폴란드 땅의 흙을 담아 선물로 주었다.

폴란드를 노래하다

오스트리아 빈에 도착했지만 이전 방문 때와는 달리 청중들의 반응이 그리 좋지 못했다. 마침 그때 폴란드에서 민중 봉기가 일어났다는 소식이 전해졌다. 폴란드는 서쪽으로 독일, 동쪽으로 러시아라는 두 강대국이 위치해 있어서 오래전부터 외세에 잦은 침략을 받았다. 그 어느 나라보다 민족의식이 강한 폴란드인들은 나라를 지키기 위해 오랫동안 투쟁해 왔다. 그러던 중 1830년 11월 바르샤바에서 러시아 침략에 맞서 일대 혁명이 일어난 것이었다.

오스트리아에서 고국의 소식을 전해 들은 쇼팽은 당장 바르샤바로 가서 민중과 함께 혁명에 동참하려 했다. 하지만 마음처럼 쉽지 않은 일이었다. 러시아군이 주요 예술가와 지식인 들을 선동가로 몰며 집중 공격하고 있었고, 이에 많은 사람이 외국으로 망명을 떠나는 상황이었다.

쇼팽은 귀국을 단념하고 독일로 향했다. 슈투트가르트에 이르렀을 때 폴란드인들의 혁명이 실패로 끝났다는 소식이 들렸다. 쇼팽은 조국에 대한 죄책감과 가족들 걱정으로 잠을 이루지 못했다. 그럴수록 러시아에 대한 분노와 조국에 대한 그리움이 더해만 갔다. 이러한 마음을 담아 〈연습곡 12번 '혁명'〉을 작곡했다. 이즈음 그가 쓴 일기에는 조국을 지키지 못했다는 부채감과 자책감, 무력감이 짙게 드리워져 있다. 한 편의 시와 같은 그의 일기에는 우리나라의 민족 시인 윤동주의 〈쉽게 씌어진 시〉와 같은 정서가 느껴진다. 아래는 쇼팽의 일기 중 일부다.

슈투트가르트의 시계는 한밤중을 가리킨다.
아아, 이 순간, 얼마나 많은 사람이 주검으로 변해 가고 있을까.
어머니는 아이들과 원치 않은 이별을 하고,
아이들은 어머니와 원치 않은 이별을 하고,
수많은 희망이 하늘로 사라지고
수많은 슬픔이 이 깊은 어둠에서 피어오르고
수많은 지원군이…….

나는 왜 이 세상에 살아 있는가!
나는 왜 내 삶을 포기하지 못하는가!

아아, 러시아인을 단 한 명이라도 죽였어야 했는데!
무력하게 팔짱만 끼고 앉아서 탄식만 해 대고,
피아노한테만 슬픔을 토해 내다니 정말 미쳐 버리겠군!
내가 무얼 할 수 있단 말인가.

러시아군의 침략은 이후 쇼팽의 평생에 그늘을 드리웠다. 그는 러시아의 손길이 뻗쳐 있는 한 다시는 폴란드에 발을 들이고 싶지 않았다. 하지만 자신이 다시는 고국에 돌아가지 못할 거라고는 꿈에도 생각하지 못했고, 생을 다하는 날까지 한시도 조국을 잊어 본 적이 없었다. 이러한 그의 마음이 이후의 음악 세계에 영향을 미쳐 그의 많은 작품에서 조국의 슬픔과 상처에 대한 낭만주의적 정서가 느껴진다. 그가 어릴 적 작곡한 폴로네즈 두 곡 외에 여러 곡의 폴로네즈를 작곡한 것만 보아도 그가 조국의 전통과 문화를 소중히 여겼다는 것을 알 수 있다.

순수하고 고귀하고 연민을 아는 인간

이후 프랑스로 향한 쇼팽은 1832년 파리 연주회에서 엄청난 성공을 거두고 파리에 정착하게 됐다. 그는 **녹턴**, 마주르카(폴란드 춤곡), 폴로네즈, 발라드, 왈츠 등의 수많은 피아노 독주곡과 협주곡을 200곡 가까이 작곡했는데 그중 다수의 작품이 이 시기

 지식 더하기

녹턴
고요한 밤의 서정적이고 환상적인 분위기를 표현한 피아노곡을 말한다. '밤의 신'이라는 뜻의 라틴어 '녹스(nox)'에서 비롯된 단어이며, 이탈리아어로 '노투르노'라고 부른다. 쇼팽의 녹턴 21곡이 가장 유명한 녹턴곡이다.

1853년, 조르주 상드
쇼팽은 프랑스 소설가 조르주 상드와의 불륜으로
세간의 비난을 받았지만, 창작의 열정만큼은 식을 줄 몰랐다.

파리에서 탄생했다. 타국에서 조국과 가족을 그리워하며 고독할 때가 많았지만, 그 고독이 창작에 대한 열정을 끌어올려 주었다.

프랑스 소설가 조르주 상드와 쇼팽의 유명한 연애는 1830년대 후반에 시작됐다. 당시 조르주 상드는 자식까지 있는 유부녀였다. 비밀스럽게 시작한 연애였지만 9년간 이어지다 보니 문화 예술계에서 두 사람의 관계를 모르는 사람이 없었다. 두 사람은 주변의 곱지 못한 시선을 피해 스페인 마요르카에 있는 작은 오두막에서 지내기도 했다. 쇼팽의 나이 20대 후반이었던 이때는 여러모로 상황이 좋지 못했다. 불륜에 비난이 쏟아졌고 겨울의 혹독한 추위가 건강을 위협했다. 그런 와중에도 《24개의 전주곡》을 작곡하는 등 열정은 식을 줄 몰랐다.

하지만 결국 두 사람의 관계는 끝이 났다. 파리로 돌아온 두 사람은 각자의 길을 갔다. 이후 쇼팽의 건강은 나날이 악화되었다. 이런 쇼팽의 곁에는 언제나 리스트가 있었다. 쇼팽만큼이나 뛰어난 피아니스트였던 리스트는 소심한 쇼팽과는 전혀 다른 성격이었다. 이런 친구를 보며 쇼팽은 이렇게 말했다.

"난 무대에 서는 게 두려워. 청중들의 눈이 위협적으로 느껴져. 그들의 숨결에 질식할 것 같고, 그들의 호기심 어린 눈빛이 너무 부담스러워. 그렇지만 자네는 달라. 자네는 연주회 체질이야. 자네는 청중을 사로잡지 못할 때조차도 그들을 압도하지."

이렇게 소심하고 청중을 두려워하는 쇼팽이었지만 평생 동안 청중의 눈빛과 마주해야 했다. 이런 쇼팽을 리스트는 이렇게 표현했다. "쇼팽은 순수하고 고귀하고 연민을 아는 인간이다. 쇼팽의 작품은 머나먼 나라들과 아득한 후세에까지 전해질 운명이다."

두 사람은 성격이 전혀 달랐지만 서로 존중하고 상대의 능력을 인정했다. 리스트는 쇼팽을 음악가로서 사랑하는 마음을 담아 《내 친구 쇼팽》이라는 책도 썼다.

　쇼팽은 30살 이후 폐결핵으로 고생하다 1849년 39살에 파리에서 숨졌다. 파리에 있는 동안 고국의 어머니와 자주 편지를 주고받으며 어머니를 만날 날을 기다렸지만, 안타깝게도 어머니보다 먼저 세상을 뜨고 말았다. 그는 무덤에 입고 들어갈 옷으로 연주회용 복장을 택했다. 그의 무덤에는 폴란드에서 은잔에 담아 온 고국의 흙이 뿌려졌고, 마지막 천국행에는 모차르트의 〈레퀴엠〉이 울려 퍼졌다.

녹턴 2번

여러 방송에 많이 나왔던 멜로디가 유명한 곡이다. 쇼팽이 가장 사랑한 장르가 바로 녹턴이었다. 녹턴을 곡 제목으로 아는 사람이 많은데 곡명이 아니라 장르명이다. 녹턴은 밤에 어울리는 서정적인 피아노곡을 말하며, 우리말로 '야상곡(夜想曲)'이라고 부른다.

연습곡 5번 〈흑건〉

쇼팽 연습곡 24곡 중에서 입시 실기 시험에 자주 나오는 멋진 곡이다. 온통 검은건반으로 연주하는 곡이라 '흑건'이라는 부제가 붙었다. 듣기에는 쉬울 것 같지만 막상 연주해 보면 어려워서 피아노 연주 실력을 가늠하는 곡으로도 많이 쓰인다.

영화 〈말할 수 없는 비밀〉에서도 〈흑건〉이 등장한다. 전학생 주걸륜과 위하오 선배가 〈흑건〉 연주로 피아노 실력을 대결하는 장면이 나오는데, 이때 두 사람이 검은건반으로 연주해야 할 곡을 흰건반으로 바꿔 연주하는 장면이 인상적이다.

6

고독에 진심인

1833~1897

사람

헝가리 무곡

브람스

브람스

Johannes Brahms

《브람스를 좋아하시나요…》의 그 브람스 맞습니다.

프로필		대표곡
정식 이름	요하네스 브람스	헝가리 무곡 중 1번, 5번
출생·사망	1833년~1897년	피아노 협주곡 1번
국적	독일	독일 레퀴엠
음악 사조	낭만주의 음악	자장가 4번
직업	바이올리니스트, 지휘자, 작곡가, 교사	왈츠 15번

관계성

에두아르트 레메니 #연주_여행_짝꿍

요제프 요아힘 #오랜_친구

로베르트 알렉산더 슈만 #고독한_스승님

클라라 슈만 #스승의_아내를_사랑했네

한스 폰 뷜로 #친구 #브람스_연구자

재미로 보는 인물 그래프

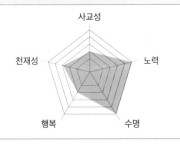

독일을 대표하는 또 한 명의 음악 거장 요하네스 브람스는 독일 북부의 항구도시 함부르크에서 태어났다. 함부르크^{Hamburg}는 우리가 즐겨 먹는 햄버거^{hamburger}가 탄생한 도시다. 함부르크 항구의 상인들이 다진 고기를 납작하게 만들어 구워 먹곤 했는데, 그 고기를 빵 사이에 끼워 먹기 시작한 것이 햄버거의 시초다. 따라서 햄버거는 함부르크 사람들을 통해 탄생하게 됐고, 그 햄버거의 고향이 바로 브람스의 고향이다.

필자도 함부르크를 여행한 적이 있다. 독일은 일 년 내내 흐린 날이 많고 10월로 접어들면 오후 세 시쯤만 돼도 벌써 어두워지기 시작한다. 필자가 독일을 찾은 때는 겨울이어서인지 유난히 더 스산하고 을씨년스러웠다. 더욱이 바다에 면해 있는 항구도시 함부르크는 짙은 안개에 휩싸여 있었다. 코끝을 자극하는 바다의 짠내와 칼바람 속에 서 있으니 수염 덥수룩한 브람스의 얼굴과, 어린 시절 부둣가 식당을 돌며 돈벌이를 했던 그의 모습이 떠올랐다.

날씨에 영향을 받아서인지 함부르크 사람들 중에는 유난히 고독하고 우울해 보이는 사람들이 많다. 함부르크를 포함한 독일 사람들이 주변 나라 프랑스나 이탈리아, 스페인 사람들에 비해 말수도 적고 무뚝뚝한 편이다. 요하네스 브람스 역시 그런 성향이 있었다. 브람스는 청년기에 고향 함부르크를 떠나 오스트리아 빈에서 활동했지만, 그 안의 우울한 정서는 평생 동안 그의 작품 곳곳에 드러났다.

눈물 없인 견딜 수 없던 십대 시절

브람스의 아버지는 여러 악기를 다룰 줄 아는 거리의 악사였지만 경제적으로는 무능했다. 대를 이은 음악가 집안이었던 바흐나 궁정 악사 아버지를 둔 모차르트 등에 비하면 브람스의 음악적 환경은 매우 열악했다.

그는 학교도 중퇴하고 일찌감치 생계 전선에 뛰어들어 돈을 벌었다. 부둣가의 선술집과 식당, 연회장 등을 오가며 쉼 없이 피아노를 연주했고, 어린아이들에게 피아노를 가르치기도 했다. 술 취한 손님들이 던져 주는 돈을 주워 들 때면 자괴감이 들곤 했다. 혼자서 조용히 음악에 몰두하고 싶은 마음이 너무도 간절해 남몰래 눈물을 흘리기도 했다.

하지만 가여운 어머니를 보면 돈 버는 일을 그만둘 수 없었다. 아버지보다 무려 17살이 많은 어머니는 노쇠한 데다 다리를 절기까지 했다. 물론 그런 어머니에게 서러운 마음을 토로할 수도 없었다. 어머니든 누구든 브람스의 주변에는 의지할 만한 사

브람스가 태어난 독일 함부르크의 집
브람스는 넉넉하지 않은 가정 환경에서 어렵게 음악을 해야 했다.

람이 없었다. 모차르트가 좋은 일이든 궂은일이든 편지에 시시
콜콜 털어놓았던 것과 달리 브람스는 그저 속으로 삭이는 성격
이었다.

　브람스 역시 최초의 음악 스승은 아버지였다. 5살 무렵 아
버지에게 바이올린과 첼로를 배우기 시작했고, 7살이 되자 오토
프리드리히 빌발트 코셀이라는 피아니스트에게 피아노를 배웠
다. 그는 꽤 어린 나이부터 작곡을 했지만 어린 시절 만든 곡들

은 모두 유실됐다. 청소년기에는 함부르크에서 몇 번의 연주회를 통해 피아노 실력을 선보이기도 했다. 하지만 이렇다 할 매력이나 특징이 없어서인지 당시에는 사람들의 관심을 별로 받지 못했다. 오늘날 거장의 반열에 오른 음악가치고는 무명 시절이 꽤 긴 편이었다.

《헝가리 무곡》 작곡가는 나야!

브람스가 그나마 대중의 이목을 끈 것은 1853년 20살이 되어서였다. 당시 그는 헝가리 출신 바이올리니스트 에두아르트 레메니와 함께 독일 주요 도시인 하노버, 바이마르, 뒤셀도르프 등지로 연주 여행을 다녔다. 당시 꽤 이름을 날렸던 레메니의 피아노 반주를 맡으며 브람스도 덩달아 시선을 받게 됐다. 연주 여행을 하는 동안 브람스는 레메니와 깊은 음악적 교감을 나누었다. 레메니를 통해 헝가리 집시 음악과 농민 음악을 접하고 푹 빠지기도 했다.

집시 음악은 자유분방하고 열정적이며 때론 구슬프고 애절하다. 빠르고 격정적이면서도 뒷부분은 느리고 슬프다. 선율에 장식음도 많고 조성의 변화도 많다. 고전적인 음악에만 익숙했던 독일인 브람스의 입장에서 헝가리 음악은 굉장히 신선하고 매력적이었다. 브람스는 결국 헝가리 음악에 푹 빠지게 되어 훗날 21곡이나 되는 《헝가리 무곡》을 작곡했다. 지금은 관현악곡이나 바이올린곡으로 많이 연주하지만, 원래 이 곡은 피아노 연탄곡이다. 즉 한 대의 피아노에서 2명의 연주자가 같이 연주할 수 있게 만든 곡이다.

《헝가리 무곡》은 1번부터 10번까지 담긴 1, 2집의 악보가 1868년 출판됐고, 1880년에 3, 4집의 악보가 출판됐다. 이 작품집은 레메니 등 헝가리 음악가들과 저작권 분쟁이 일어날 만큼 대단한 성공을 거두었다. 실제로 레메니는 브람스에게 둘이 함께 연주 여행을 하던 시절 자신이 들려준 선율을 이용해 작곡한 것이 아니냐며 따졌다. 이에 브람스는 레메니의 영향을 받아 작곡한 것은 맞지만 그의 선율을 그대로 옮겨 쓴 것은 아니라고 항변했다. 그러다 결국 브람스는 자신의 작품 번호도 붙이지 않고, '작곡'이 아니라 '편곡'이라고 써 넣어 《헝가리 무곡》 작품집을 출간했다.

♫ **지식 더하기** ⊗ ⊖ ⊘

집시 음악

유랑 민족인 집시들이 연주하는 음악을 말하며, 동유럽과 이베리아 반도를 중심으로 발달했다. 이동하는 사람들이 손쉽게 휴대할 수 있는 악기인 바이올린이나 기타, 캐스터네츠로 연주한다. 헝가리 집시의 음악이 특히 유명하고, 브람스는 헝가리를 여행하면서 접했던 집시 음악을 기본으로 헝가리 춤곡을 작곡했다.

그러고 보면 저작권은 그 당시에도 매우 민감한 문제였다. 소송까지 해 가며 불편한 관계가 되긴 했지만, 레메니와 브람스는 얼마 지나지 않아 이전처럼 절친 관계를 회복했다.

브람스와 요아힘, 우리는 찐친

독일 주요 도시를 돌며 연주 여행을 하던 1853년, 하노버에서 에두아르트 레메니의 친구 요제프 요아힘을 만나게 됐다. 역시 헝가리 출신의 바이올리니스트인 요아힘은 당시 지휘와 작곡으로도 주목받는 세계적인 음악가였다. 그는 피아노 반주를 하는 브람스를 보며 감탄을 금치 못했다. 연주가 끝나자 자신이 먼저 다가가 손을 내밀었다. 이로써 브람스와 요아힘의 우정은 시작됐고, 두 사람은 평생의 음악의 동반자가 됐다.

훗날 브람스가 〈바이올린 협주곡〉을 작곡할 때도 요아힘은 큰 힘이 돼 주었다. 브람스의 〈바이올린 협주곡〉은 요아힘도

> 🎵 **지식 더하기**
>
> 협주곡
> '경쟁하다'라는 뜻의 라틴어 '콘체르타레(concertare)'에서 온 말로, 이탈리아어로 '콘체르토'라고 부른다. 한 개의 독주 악기와 오케스트라가 함께 연주한다고 해서 협주곡이라고 부르는데, 보통 3악장 형식으로 구성된다. 모차르트, 베토벤의 피아노 협주곡과 브람스, 베토벤의 바이올린 협주곡이 대표적이다.

손대기 어려울 만큼 꽤 까다로웠지만 우여곡절 끝에 완성하고 1879년 무대에 올렸다. 연주는 요아힘이, 지휘는 브람스가 맡은 〈바이올린 협주곡〉의 초연은 대단한 성공을 거두었다. 그 후 요아힘은 여러 나라에서 이 곡을 연주했고, 덕분에 브람스의 유일한 바이올린 협주곡인 이 곡은 세계적인 인기를 얻게 됐다. 오늘날 이 곡은 베토벤, 멘델스존의 협주곡과 함께 3대 바이올린 협주곡으로 손꼽힌다.

브람스는 요아힘을 통해 작곡가 슈만도 만나게 됐다. 슈만은 브람스의 작곡 실력에 혀를 내두르며 그를 제자로 받아들였다. 음악 잡지에 '새로운 길'이라는 글을 기고해 젊은 음악가 브람스를 세상에 알리기도 했다. 그 글에서 슈만은 "이 시대에 가장 이상적인 표현을 선물하게 될 사람"이라고 브람스를 표현했다. 슈만과의 만남을 계기로 브람스는 작곡가로서도 본격적인 활동을 하게 됐다.

이 시기에 브람스는 슈만과 슈만의 제자 알베르트 디트리히와 함께 피아노와 바이올린을 위한 소나타를 작곡했다. 그들의 인연을 맺어 준 요아힘에게 바치기 위한 곡으로, 요아힘의 인생관인 '자유롭지만 고독하게 Frei Aber Einsam'의 약자를 따서 일명 〈FAE 소나타〉라고 이름을 지었다. 모두 4악장으로 구성된 곡인데 현재는 브람스가 맡은 3악장만 남아 있다.

자유롭지만 고독하게

함부르크의 날씨라든가 풍족하지 못한 집안 환경 탓인지 브람스는 어릴 적부터 고요하고 어두운 성격이었다. 무명 기간이 길었던 만큼 음악 활동 역시 그에게는 외롭고 고독한 길이었다. 하지만 굳이 고독에서 벗어나려 하지 않았고, 오히려 스스로 고독 속으로 걸어 들어갔다. 브람스에게 고독은 음악에 몰두하기 위해 반드시 필요한 것이었다. 그는 오직 혼자만의 시간 속에서 진정한 창작의 자유를 느꼈다. 만일 그에게 고독의 시간이 없었다면 '브람스 음악'은 완전히 다른 음악이 됐을 것이다.

독일에서 근 10년간 치열하게 활동하던 브람스는 30살이던 1863년 오스트리아 빈으로 떠났다. 베토벤이 그랬듯이 브람스는 빈에서 좀 더 원숙한 제2의 음악 인생을 시작했다. 연주가 많은 봄과 가을에는 빈에 머무르다가 여름과 겨울에는 홀로 여행을 떠나기도 했다. 빈에서의 그는 요아힘의 인생관처럼 그야말로 '자유롭지만 고독하게' 앞으로 나아가는 삶이었다. 경제적으로도 여유로워져서 익명으로 젊은 음악가들을 후원해 주기도 했다.

여유로워졌다고 해서 음악 활동에서도 여유를 부린 것은 아니었다. 그는 평생 동안 극단에 가까운 완벽주의 성향으로 음악에서만큼은 빈틈을 보이지 않았다. 이미 완성해서 무대에 올렸던 곡도 마음에 들지 않으면 자신의 작품 목록에서 없애 버렸고, 작곡을 할 때도 쓰고 고치기를 수없이 반복해 주변인들을 애타게 했다. 이러한 완벽주의 성향으로 교향곡 1번은 1855년에서 1876년까지 21년이나 걸려 완성했다고 한다.

브람스의 음악은 처음 들었을 때 선율이 쉽게 기억되지도 않고 화려하거나 빠르지도 않다. 특히 청소년들에게는 대체로 이해하기 어려운 곡들이다. 하지만 브람스의 음악은 반복해서 들을수록 들리지 않았던 소리가 들리면서 묘한 매력에 빠져들게 된다. 브람스의 친구이자 지휘자인 한스 폰 뷜로는 "나는 12년간이나 브람스를 연구하고 있지만 아직도 참된 맛을 느끼지 못한 기분이다"라고 말했다.

스승의 아내를 사랑했네

지금까지 브람스를 고독을 즐기는 어두운 분위기의 인물로 소개했지만, 사실 브람스보다 더 어두운 인물은 바로 그의 스승 슈만이었다. 슈만의 내면은 혼란과 불안으로 늘 들끓었다. 그 불안감이 심해져 정신 착란에 시달릴 정도였다. 브람스를 만나고 난 뒤에도 착란 증세가 나타나 라인강에 투신한 적이 있었고, 결국 정신병원에 입원해 1856년 생을 마감했다.

슈만이 떠난 뒤 브람스는 스승의 부인이자 피아니스트인

1853년
20살의 브람스

1850년
40살의 로베르트 슈만

1853년
34살의 클라라 슈만

클라라 슈만과 그녀의 자식들을 돌봐 주었다. 그러던 중 14살 연상의 클라라에게 사랑의 감정을 느끼게 됐다. 경제적으로 무능했던 그의 아버지와 로베르트 슈만은 닮은 구석이 있었다. 아버지와 슈만은 모두 가장의 역할을 제대로 하지 못해 부인을 힘들게 했다. 평생 고생만 한 자신의 어머니를 돌보듯이 브람스는 클라라도 지켜 주고 싶었다.

하지만 클라라와 결혼을 한 것은 아니었다. 연민과 사랑의 마음으로 정신적 교감만 나누었을 뿐이다. 브람스는 평생 동안 그 누구와도 결혼하지 않았다. 약혼까지 한 여성이 있었으나 결국 파혼에 이르렀다고 한다. 워낙에 경제적 어려움을 겪었던 그는 결혼해서 가장이 되는 것에 부담감을 느꼈던 모양이다. 물론 경제적 부담감 때문만은 아니었을 것이다. 밝고 쾌활한 성격의 모차르트와 달리 브람스의 내면에는 언제나 어둠이 깔려 있었다. 그 어둠이 미지의 앞날에 대한 두려움을 안겨 주었고, 그 두려움

♫ 지식 더하기 ⊗ ⊖ ⊗

클라라 슈만

슈만과 결혼하기 전의 이름은 클라라 비크다. 아버지는 피아노 교수인 프리드리히 비크로, 그는 클라라와 로베르트 알렉산더 슈만의 결혼을 반대했다. 아버지가 반대하는 결혼을 한 클라라는 슈만의 아내이자 피아니스트, 작곡가로서 많은 활동을 했다. 슈만의 제자인 브람스에게도 음악적 영감을 많이 줬다.

브람스

때문에 결혼에도 부정적인 감정이 들었던 것이다. 이마를 찌푸리며 약간 화가 난 듯한 표정을 짓고 있는 브람스는 무덤의 묘석에서도 사색에 잠긴 모습을 보여 준다.

《헝가리 무곡》 중 5번

모두 21곡인 《헝가리 무곡》은 4집으로 나뉘어 발매됐다. 우리에게 잘 알려진 5번 곡은 피아노 천재 소년이 등장하는 코미디 영화 〈과속 스캔들〉과, 배우 박정민의 피아노 연주가 돋보였던 〈그것만이 내 세상〉 등 여러 영화에 배경 음악으로 삽입됐고, 애니메이션 〈라바〉와 〈톰과 제리〉에도 사용됐다.

자장가 4번

자장가는 독일어로 'wiegenlied'인데, 'wiegen'은 '흔들다', 'lied'는 '노래'를 뜻한다. 즉 브람스의 〈자장가〉는 엄마들이 아기를 등에 업고 몸을 가볍게 흔들며 불러 주는 노래다. 1868년, 브람스가 지휘를 맡았던 여성 합창단의 한 부인이 아기를 낳았다는 소식을 듣고 그 축하곡으로 작곡한 것이다. 모차르트의 〈자장가〉와 함께 세계적으로 손꼽히는 자장가 곡이다.

7

사랑 때문에

1840~1893

비창

괴로워

차이콥스키

차이콥스키

Pyotr Ilyich Tchaikovsky

내 인생은
혼돈의 카오스….

프로필		대표곡
정식 이름	표트르 일리치 차이콥스키	피아노 협주곡 1번
출생·사망	1840년~1893년	바이올린 협주곡
국적	러시아	교향곡 6번 〈비창〉
음악 사조	낭만주의 음악	발레 모음곡 백조의 호수 중 〈정경〉
직업	작곡가	발레 모음곡 호두까기 인형 중 〈꽃의 왈츠〉

관계성

나데즈다 폰 메크 #후원자 #일방적인_
절교

안토니나 이바노브나 밀류코바 #제자
#협박으로_결혼_성공

블라디미르 다비도프 #애정하는_조카
#비창_헌정

재미로 보는 인물 그래프

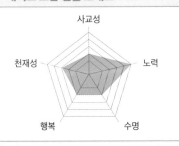

사교성 / 노력 / 수명 / 행복 / 천재성

모든 남성이 여성에게 성적인 끌림을 느끼는 것도 아니며, 그것은 여성 입장에서도 마찬가지다. 이성보다 동성과의 만남을 더 좋아하는 사람도 있고, 이성과 동성을 모두 좋아하는 사람도 있다. 이런 사람들을 우리는 성 소수자라고 부른다.

예술가들 중에도 남다른 성 정체성을 지닌 소수자들이 더러 있었다. 대표적으로 이탈리아 르네상스의 천재 화가 레오나르도 다빈치, 아일랜드 작가 오스카 와일드나 영국의 소설가 버지니아 울프도 성 소수자였고, 프랑스 시인 장 니콜라 아르튀르 랭보와 폴 베를렌의 동성애도 문학사의 유명한 이야기다. 음악가 중에는 발레 모음곡 《호두까기 인형》으로 유명한 러시아 작곡가 표트르 일리치 차이콥스키가 대표적인 성 소수자였다. 이들은 자신만의 성적 취향을 이해받기 위해 애쓰면서 외로운 시간을 견디기도 했지만, 그런 특별한 경험과 고통을 예술 작품으로 표현하기도 했다. 그들에게는 예술이 고통을 견디고 삶을 살게 해 준 산소 같은 것이었다.

성 소수자들에게 가장 무서운 것은 차별과 혐오. 성적 취향이 남다르다는 이유로 그들은 사회에서 배척당하기도 한다. 요즘에는 소수자에 대한 차별적 인식이 많이 개선됐다고는 하지만, 여전히 많은 성 소수자가 자신의 정체성을 숨기고 살아간다. 지금도 이런 상황인데 하물며 차이콥스키가 살았던 19세기에는 어땠을까? 차이콥스키는 폐쇄적이고 보수적인 러시아 사회에서 살면서 커밍아웃을 하는 대신 강제된 자살로 생을 마감했다.

사춘기, 남다름을 깨닫다

표트르 일리치 차이콥스키는 1840년, 러시아에서 동쪽으로 약 1,000킬로미터 떨어진(서울에서 부산 간 거리가 약 400킬로미터다) 시골 마을 봇킨스크에서 태어났다. 아버지는 광산을 관리하는 하급 관료로 음악과는 거리가 먼 사람이었다. 가족들은 아버지의 전근에 따라 모스크바, 상트페테르부르크 등지로 옮겨 다니며 생활했다. 음악을 유난히 좋아했던 어머니는 자식들에게 자주 노래를 불러 줬다. 어머니의 노래는 어린 차이콥스키에게 최고의 음악이었다. 가만히 듣고 있노라면 안정감이 느껴졌고 세상이 한없이 평화로워 보였다.

형제로는 형 니콜라이, 여동생 알렉산드라, 세 살 어린 남동생 이폴리트, 열 살 어린 남동생 모데스트와 아나톨리(둘은 쌍둥이다)가 있었다. 표트르 차이콥스키처럼 동성애자였던 남동생 모데스트는 작가이자 번역가로서 훗날 형 표트르의 전기를 쓰기도 했다. '샤샤'라는 애칭으로 불렀던 여동생 알렉산드라는 어

차이콥스키 형제들

차이콥스키(왼쪽에서 네 번째)는 어린 시절 몸이 약하고 주변 환경에 쉽게 예민해졌지만
이해심 많은 형제들이 그를 잘 보듬어 주어 비교적 어려움 없이 자랄 수 있었다.

머니처럼 너른 마음으로 오빠를 이해하고 품어 줬다. 표트르 차
이콥스키는 어릴 적부터 잔병치레가 많았고, 환경이 조금만 바
뀌어도 잠을 잘 못 이루었으며, 소리에도 매우 예민했다. 하지만
착한 형제들 사이에서 비교적 다복한 어린 시절을 보냈다.

부모님은 그가 법률가가 되기를 바랐다. 어린 아들이 음악
에 재능을 보이긴 했지만 가난한 예술가의 길을 걸을까 봐 걱정
스러웠다. 더욱이 신경이 과민한 아들이 예술에 몰두하는 것은
건강에 해롭다고 판단했다. 다행히 차이콥스키는 음악뿐만 아니

라 어학과 역사 등 모든 과목에서 우수했다. 그는 11살에 가족과 헤어져 페테르부르크의 법률 학교에 들어가 기숙사 생활을 시작했다.

소년 차이콥스키는 기숙 학교에서 친구들과 동떨어져 혼자 있을 때가 많았다. 장난기 많은 사춘기 소년들과 함께 어울리는 게 그에게는 왠지 불편했다. 그래서 마음 맞는 몇몇 친구들하고만 교류했다. 이때부터 자신에게 남다른 성향이 있다는 것을 느끼기 시작했다. 그는 조용한 성격의 자신을 보듬어 주고 보호해 주는 강하고 남성적인 성격의 친구들을 특별히 좋아했다. 그것은 우정이라기보다 사랑의 감정에 가까웠다. 하지만 좋아하는 마음을 섣불리 표현할 수는 없었다. 자신의 성적 지향을 드러냈을 때 다가올 따가운 시선이 두려웠다. 자신의 마음을 아무에게도 털어놓을 수 없으니 더욱 외로웠고, 게다가 성적 지향을 평생 억누른 채 살아갈 생각을 하면 절망감이 밀려들었다.

이러한 외로움과 두려움, 혼란스러움을 차이콥스키는 음악에 쏟아 냈다. 다행히 법률 학교 내에 합창단이 있었다. 그는 합창단원으로서 음악을 하는 친구들과 소통하며 음악 공부도 꾸준히 할 수 있었다. 전공은 법이었지만 그에게 위안을 주는 것은 언제나 음악이었다.

법무부 공무원에서 음악원 학생으로

차이콥스키가 14살이 되었을 때 어머니가 콜레라에 걸려 세상을 떠났다. 어머니에게 애착이 강했던 차이콥스키는 깊은 슬픔에 빠졌다. 상실에 대한 슬픔과 성 정체성의 혼란을 잠재우기 위해 학업에만 전념했다. 1859년 졸업을 하고 법무부 공무원이 됐지만, 그것은 그가 진정으로 원하는 일이 아니었다. 차이콥스키의 마음에는 음악가가 되고 싶다는 미련이 크게 자리해 있었다.

탄탄대로의 출셋길로 들어선 지 얼마 지나지 않아 그는 결국 상트페테르부르크 음악원에 1기 학생으로 입학했다. 상트페테르부르크 음악원은 러시아의 음악가 형제인 안톤과 니콜라이 루빈시테인이 세운 음악 교실이 나중에 음악원으로 승격한 것이었다. "나는 다만 적성에 맞는 일을 하고 싶을 뿐이야. 내가 유명한 작곡가가 되든, 근근이 생활하는 음악 교사가 되든 상관없어." 차이콥스키는 이런 각오로 음악가의 길을 선택했다.

음악원을 졸업한 뒤에는 1865년 상트페테르부르크를 떠나 모스크바 음악원에서 교직 생활을 시작했다. 상트페테르부르크에서 모스크바까지는 약 700킬로미터로 꽤 먼 거리였다. 가족과 떨어져 기숙 학교에서 지내던 시절처럼 차이콥스키는 모스크바에서 다시 혼자가 됐다. 그는 외로움 속에서 묵묵히 학생들을 지도하며 작곡 활동을 이어 갔다. 이즈음 음악 평론을 써서 러시아 주요 신문과 잡지에 실었고, 1871년에는 음악 이론서도 냈다. 그의 대표적인 작품인 〈피아노 협주곡 1번〉은 이 시기인 1874년에서 1875년 사이에 작곡한 것이다. 차이콥스키의 〈피아노 협주곡 1번〉은 이 세상에 피아노라는 악기가 사라진다고 해도 이 곡만은 사라지지 않을 거라는 말이 있을 정도로 오늘날 많은 사랑을 받는 작품이다.

두 여인과의 이루어질 수 없는 사랑

모스크바 음악원 시절인 1876년 무렵부터 나데즈다 폰 메크라는 여인이 차이콥스키에게 편지를 보내왔다. 남편과 사별한 그녀는 차이콥스키의 음악을 몹시 사랑한다며 상당한 금액의 경제적 후원까지 해 주었다. 계속되는 그녀의 후원으로 차이콥스키는 이 무렵 교수직을 그만두고 창작에만 전념하기 시작했다.

두 사람은 13년간 약 1,200통의 편지를 주고받으며 순수하게 예술가와 후원자의 관계를 유지했다. 그러다 1890년 폰 메크 부인이 돌연 결별을 알리는 편지를 보내왔다. 일방적인 이 통보에 차이콥스키는 실의에 빠졌다. 경제적 후원에 대한 아쉬움 때문은 결코 아니었다. 그즈음 세계적인 유명세를 떨치고 있던 그는 더 이상 후원이 필요치 않았다. 어쩌면 그는 오랫동안 편지를 주고받으며 폰 메크 부인에게 정신적으로 크게 의지했던 것이 아닐까? 여담으로는 폰 메크 부인이 그의 동성애 성향을 뒤늦게 알고 연락을 끊었으며, 차이콥스키는 연락을 끊은 그 이유 때문에 충격에 빠졌다는 이야기도 있다.

이 시기에 그에게 다가온 또 한 명의 여인이 있었다. 안토니나 이바노브나 밀류코바라는 여인은 차이콥스키가 가르치던 음악원 제자였다. 그녀는 차이콥스키가 동성애자인 것도 모르고 열성적인 구애를 했다. 결혼해 주지 않으면 죽어 버리겠다는 협박까지 해서 어쩔 수 없이 결혼까지 했다. 우유부단했던 차이콥스키의 엄청난 실수였다. 양쪽 모두에게 불행한 이 관계는 결국 결혼한 지 얼마 지나지 않아 파탄으로 끝났다.

이 일로 차이콥스키는 정신적으로 극도의 시달림을 받았다. 이탈리아 등 유럽으로 도피성 요양까지 떠나야 했다. 우크라이나로 시집간 여동생 샤샤의 집을 찾아가기도 했다. 하지만 여동생의 아들인 블라디미르 다비도프에게 애정을 느끼는 자신을 발견하고 도망치듯 다시 모스크바로 돌아왔다. 그런데 이 방황과 고통이 창작의 자양분이 된 것일까? 차이콥스키는 1878년의 〈바이올린 협주곡〉을 시작으로 말년에 이르기까지 여러 걸작을 연달아 만들어 냈다. 그의 명성을 세계에 알린 발레 모음곡 《잠자는 숲속의 미녀》와 《호두까기 인형》, 그리고 〈교향곡 6번 '비창'〉

(이하 〈비창〉)등이 모두 생애 후반기인 이 시기에 작곡한 것이다.

《호두까기 인형》 모르는 사람 없죠?

매년 크리스마스 즈음이면 많은 극장에서 《호두까기 인형》 발레 공연을 한다. 발레에 담긴 이야기는 대부분 익히 알고 있을 것이다. 크리스마스이브 날 밤 귀여운 소녀 클라라는 할아버지에게 선물받은 호두까기 인형을 안고 잠이 든다. 그런데 꿈속에서 생쥐 떼가 나타나 클라라를 공격하고, 그때 호두까기 인형이 나타나 장난감 병정들과 함께 생쥐들을 물리친다. 생쥐들이 물러나자 호두까기 인형은 돌연 왕자로 변신해 클라라와 함께 과자의 나라로 여행을 떠난다. 이 이야기는 독일 작가 에른스트 호프만의 환상 동화를 각색한 것이며, 차이콥스키는 이 이야기를 바탕으로 모두 15곡의 발레곡을 작곡했다.

《호두까기 인형》 발레 공연에서 연주하는 15곡 가운데 발레 모음곡으로 연주되는 곡은 8곡으로, 그중에서도 〈행진곡〉, 〈사탕 요정의 춤〉, 〈꽃의 왈츠〉가 가장 유명하다. 〈행진곡〉을 들을 때면 무용수들이 무대 뒤에서 뛰어나와 행진하는 장면이 떠오른다. 광고 음악으로도 자주 들을 수 있는 〈사탕 요정의 춤〉에는 신비한 악기 첼레스타도 등장한다.

첼레스타

19세기 말 프랑스에서 발명한 타악기로 철제 울림판을 때려 연주한다. 피아노처럼 생겨서 건반 악기로 볼 수도 있지만, 음높이가 각기 다른 울림판을 때려 연주하는 유율 타악기다. 국악기 중에는 편경, 편종 등이 대표적인 유율 타악기다.

죽음을 둘러싼 소문들

차이콥스키가 자신의 작품들 중에서 가장 사랑한 곡은 그의 생애 마지막 곡이 된 교향곡 〈비창〉이다. 차이콥스키는 "내 작품 중에서 가장 진지한 작품"이며 "여전히 작곡할 수 있어 얼마나 좋았는지 모른다"라고 〈비창〉을 향한 애정과 소감을 표현했다. 하지만 조카 블라디미르 다비도프에게 "두 페이지를 쓰는 데 꼬박 하루가 걸렸단다"라고 편지를 쓸 만큼 창작의 고통은 적지 않았다. 어쨌든 만족스럽게 마무리한 〈비창〉을 그는 사랑하는 조카 블라디미르에게 헌정했다.

차이콥스키와 그의 조카 블라디미르 다비도프
차이콥스키는 생애 마지막 곡이자, 가장 사랑한 곡인 교향곡 〈비창〉을
자신의 조카 블라디미르에게 헌정했다.

〈비창〉은 차이콥스키 자신의 지휘로 1893년 10월 28일 초
연했는데 곡 형식이 워낙 낯설어서인지 좋은 호응을 얻지 못했
다. 예를 들면 보통의 교향곡은 4악장이 가장 빠르고 웅장한데,
〈비창〉 4악장은 너무 가라앉고 우울한 분위기였다. 차이콥스키
는 청중이 이 곡을 이해하려면 부제를 넣는 게 좋겠다며 고민했
다. 그런 형의 고민을 남동생 모데스트가 풀어 줬는데, 그가 지
어 낸 제목이 바로 '비창'이다.

그런데 〈비창〉을 초연한 지 9일째 날, 차이콥스키의 사망 소식이 전해진다. 너무나 갑작스럽고 의문스러운 죽음이라 사인에 대한 여러 추측이 제기되었다. 처음에는 오염된 물을 마셔서 콜레라에 걸려 죽었다는 이야기가 가장 많이 대두되었다. 또 다른 추측은 동성애를 비관해 자살했다는 것이었다. 그리고 놀랍게도 법률 학교 시절의 친구들이 독극물 비소를 몰래 먹였다느니, 친구들의 협박에 못 이겨 차이콥스키 스스로 죽음을 택했다느니 하는 이야기도 나돌았다. 사연인즉, 그와 동성애를 나눴던 옛 친구들이 고위 관료가 되고 나더니 과거의 동성애 전적이 밝혀질까 두려워 차이콥스키에게 죽기를 강요했다는 것이다.

차이콥스키의 죽음은 아직까지도 의문으로 남아 있다. 한편에서는 그가 자신의 죽음을 예감해 **레퀴엠**으로 〈비창〉을 작곡한 것이라는 소문도 돌았다. 그도 그럴 것이 〈비창〉은 곡 전체적으로 음울하고 비장한 느낌의 장송곡처럼 들리기도 한다. 빠른 템

♫ **지식 더하기**

레퀴엠

죽은 사람의 넋을 기리기 위한 곡으로 우리말로 '진혼곡'이라고 부른다. 서양에서는 주로 미사를 드릴 때 레퀴엠이 울려 퍼진다. 모차르트, 브람스, 그리고 이탈리아 작곡가 베르디의 레퀴엠이 유명하다. 대부분의 레퀴엠은 가사가 있지만 브람스의 레퀴엠은 가사가 없다.

포로 장렬하게 마무리하는 어느 교향곡과 달리 〈비창〉은 아스라이 사라지는 연기처럼 서서히 끝을 맺는다. 이 낯선 교향곡이 초연 당시 청중들을 당황하게 한 것처럼 차이콥스키 역시 너무도 당황스럽게 사람들 곁을 떠났다. 그의 장례식에는 가까운 친척, 지인 외에도 6만 명이 넘는 시민들이 몰려와 함께 슬픔을 나눴다. 그리고 많은 사람이 죽은 차이콥스키의 손등에 입을 맞추며 이별을 고했다. 차이콥스키는 상트페테르부르크의 알렉산드르 네프스키 수도원 묘역에 묻혔다.

발레 모음곡 《호두까기 인형》 중 〈꽃의 왈츠〉

《호두까기 인형》은 에른스트 호프만의 환상 동화 속 이야기
를 배경으로 한 8곡의 발레 모음곡이다. 모든 곡이 유명하지
만 뭐니 뭐니 해도 〈꽃의 왈츠〉가 대중들에게 가장 잘 알려져 있다. 〈꽃의
왈츠〉 외에도 '러시아 농부들의 춤'을 보여 주는 〈트레팍〉 역시 빠른 템포의
신나는 음악이다.

교향곡 6번 〈비창〉

차이콥스키 생애의 마지막 작품이다. 교향곡의 마지막 악장은
대부분 빠르고 강한 연주로 끝나는데 〈비창〉 4악장은 사그라
드는 불꽃처럼 서서히 마무리된다. 분위기가 워낙 우울하고 엄숙한 곡이라
유명 인사의 장례식이나 추모회 등에서 연주하곤 한다.

8

열정 하나로

거침없이 돌진!

1841~1904

신세계로부터

드보르자크

드보르자크

Antonín Leopold Dvořák

내가 음악 덕후이긴 한데, 기차 덕후이기도 하고~

프로필		대표곡
정식 이름	안토닌 레오폴트 드보르자크	교향곡 9번 〈신세계로부터〉
출생·사망	1841년~1904년	현을 위한 세레나데
국적	체코(당시 보헤미아 왕국)	유머레스크 중 7번
음악 사조	민족주의 음악	피아노 3중주 4번 〈둠키〉
직업	작곡가	오페라 루살카 중 〈달의 노래〉
		슬라브 무곡 10번

관계성

베드르지흐 스메타나 #극장_감독님 #민족
주의_음악에_영향_줌
브람스 #음악성을_알아본_사람
프리츠 짐로크 #헝가리_무곡집_출판해_줌
요세프 수크 #제자이자_사위 #유명_바이
올리니스트

재미로 보는 인물 그래프

사교성 / 노력 / 수명 / 행복 / 천재성

세르반테스의 소설 《돈키호테》의 주인공 돈키호테는 세상을 평정하겠다는 야심찬 꿈을 안고 미지의 땅으로 떠난다. 말을 타고 가던 중 풍차를 보고는 물리쳐야 할 거인이라며 막무가내로 덤벼든다. 그러다 결국 풍차 날개에 휘둘려서 멀리 나가떨어진다. 사람들은 그런 돈키호테에게 헛된 꿈에 빠져 있다며 무모한 짓 좀 그만두라고 충고하고 비난한다. 그러나 돈키호테는 꿈을 향해 계속해서 용감하게 나아간다.

소설 속 돈키호테의 행동은 사실 좀 무모하고 비현실적이다. 청소년들에게 그의 용기를 본받으라고 말하는 것 자체가 어불성설이다. 그래도 안전한 길만을 고르고 골라 걸어가는 것에 비하면 돈키호테와 같은 행동이 훨씬 가치 있어 보이기도 한다.

그럼 현실 속 인물 중에서 돈키호테처럼 야심찬 꿈을 향해 미지의 땅으로 용감하게 발을 내디딘 사람은 누가 있을까? 아마 위인전 속 인물들이 하나둘 떠오를 것이다. 많은 위인 중에서도 체코를 대표하는 작곡가 안토닌 레오폴트 드보르자크를 가장 먼저 손꼽고 싶다.

천재는 아니지만 음악이 하고 싶어

드보르자크는 유머가 많고 매사에 긍정적이며, 음악의 세계에서 살아가는 것을 최고의 행복으로 여겼다.

"작곡이란 시작하기 전에는 정말 괴로운 일이지만 막상 시작하고 나면 늘 즐겁고 행복하다. 지금까지도 그랬고 앞으로도 계속 그럴 것이다."

드보르자크는 어떤 작품을 만들 것인지를 고민하며 괴로워했지만, 그 고민을 바탕으로 곡을 쓰면서는 음악과 온전히 하나가 되어 행복감을 느꼈다. 곡을 쓰는 순간에는 외부의 시끄러운 소리도 들리지 않았다. 마음에 드는 작품이 나올 때까지 오로지 곡 작업에만 몰두했다.

하지만 드보르자크는 천재도 아니었고 마음 놓고 음악을 할 만한 환경에 있지도 않았다. 더욱이 독일의 브람스보다 더 오래 무명의 길을 걸었다. 드보르자크가 본격적으로 성공 궤도에 오른 것은 40살 가까이 됐을 때였다. 다른 굵직한 작곡가들은 이미 세계적으로 이름을 알리고도 한참이 더 지났을 때였다. 심지어 모차르트는 어떤가? 뭐가 그리 급했는지 그는 일치감치 수많은 걸작을 남기고 마흔이 되기도 전에 생을 마감했다.

드보르자크는 1841년 체코(당시는 보헤미아 왕국) 프라하 북쪽의 시골 마을 넬라호제베스에서 맏아들로 태어났다. 아버지 프

드보르자크가 태어난 체코 넬라호제베스의 집 드보르자크는 가업인 도축업자로 일하
면서 음악이라는 꿈을 꾸었다.

란티셰크 드보르자크는 도축업자로 푸줏간과 여관을 운영했다. 아버지는 아들이 도축 자격증을 따서 가업을 물려받기를 바랐다. 착하고 성실했던 아들 드보르자크는 아버지의 말에 따라 소, 돼지 등의 가축을 다루며 도축 자격증을 따기 위한 준비를 했다. 물론 그것만 한 것은 아니었다.

당시 아버지의 여관에는 여러 악사가 드나들었다. 어린 드보르자크는 악사들이 올 때마다 흥미를 보이며 친근하게 다가갔다. 드보르자크의 음악 공부는 그 악사들로부터 시작되었다. 아버지는 아들이 종종 악기를 다루는 것은 알았지만 굳이 말리지는 않았다. 아들이 도축 일도 게을리하지 않았기 때문이다. 드보르자크는 실제로 도축 자격증까지 따 냈다고 한다.

하지만 아버지는 아들이 설마하니 정말로 음악인의 길을 가리라고는 생각지 못했다. 1857년 16살의 드보르자크가 프라하의 음악 학교에 들어가겠다고 하자 아버지는 펄쩍 뛰었다. 하지만 드보르자크의 결심은 흔들리지 않았다. 당시 드보르자크의 재능을 눈여겨보았던 오르가니스트가 아버지를 설득해 준 덕분에 드보르자크는 결국 프라하로 떠나 본격적인 음악 공부를 할 수 있게 되었다.

보헤미아의 브람스

가업도 포기하고 음악가의 길로 들어서고 보니 막상 그의 앞에 놓인 것은 고생길이었다. 학교를 졸업한 드보르자크는 프라하 국립극장 관현악단 단원으로 취직해 비올리스트로 일했다. 그래도 생활이 어려워 부유층 자녀들을 상대로 피아노 레슨도 했다. 일하는 틈틈이 작곡 작업도 하려니 하루하루가 버거웠다.

1866년 체코를 대표하는 작곡가 스메타나가 그가 근무하는 극장의 오페라 감독으로 취임했다. 이때부터 드보르자크는 스메타나의 민족주의적인 음악에 영향을 받아 작품 곳곳에서 보헤미아 민족의 애환과 정서를 담아 냈다.

1873년 안나 체르마코바(우연이겠지만 드보르자크의 어머니 이름도 '안나'다)와 결혼한 후에는 교회 오르가니스트로 일터를 옮겼다. 이때부터 다행히 작곡에 할애할 시간이 비교적 여유로워졌다. 드보르자크는 성실한 농부처럼 쉴 틈 없이 일하고 작곡하며 하루하루를 보냈지만, 여전히 그의 실력을 알아봐 주는 사람은

♪ **지식 더하기** ⊗ ⊖ ⊗

베드르지흐 스메타나

드보르자크와 더불어 체코를 대표하는 민족주의 음악가다. 오스트리아의 탄압에 대항해 민족 운동의 선두에 선 음악가로서 〈나의 조국〉, 〈팔려 간 신부〉 등을 작곡했다. 보헤미아 민족 음악의 부흥에 앞장서서 '보헤미아 음악의 아버지'라고 불린다.

드보르자크

드물었다.

1877년 36살의 드보르자크는 오스트리아 문화부에서 지급하는 장학금을 신청한다. 이때 심사위원 중에 독일의 음악 거장 브람스가 있었다. 슈만이 천재 브람스를 알아봤던 것처럼 브람스도 드보르자크의 음악성을 알아봤다. 이를 계기로 드보르자크는 브람스와 교류하게 되었고, 브람스는 음악책 출판업자인 프리츠 짐로크에게 드로브자크를 소개했다. 브람스의 《헝가리 무곡》 악보를 출판해 큰돈을 번 짐로크는 드보르자크에게 브람스처럼 멋진 곡을 작곡해 보라며 격려했다. 당시 브람스와 짐로크는 보헤미아 민족의 정서가 느껴지는 드보르자크의 곡을 무척 마음에 들어 했다.

용기를 얻은 드보르자크는 작곡 작업에 더욱 박차를 가했다. 가끔은 비소카라는 시골 마을의 별장에 가서 작품을 구상하기도 했다. 그는 대자연의 품에서 자연의 소리에 귀 기울일 때 창작의 원동력을 얻었다. 1878년 마침내 8곡으로 이루어진 《슬라브 무곡 1집》을 내서 큰 성공을 거두었다. 이로써 '보헤미아의 브람스'로 인정받았으며, 일약 국제적인 음악가의 반열에 올랐다. 8년 뒤인 1886년에는 《슬라브 무곡 2집》을 냈다.

《슬라브 무곡》은 원래 둘이서 함께 연주하는 피아노 연탄곡으로 만들었는데, 나중에 관현악곡으로 편곡했다(1집은 드보르자크가, 2집은 오스트리아 작곡가 크라이슬러가 편곡했다). 오늘날 이 곡은 민요적이면서 활기찬 곡조에 연주 시간이 짧아 관현악곡 연주회의 앙코르곡으로 많이 연주한다. 의열단원들의 우정을 다룬 영화 〈밀정〉에도 이 곡이 나온다. 오늘날 드보르자크는 《슬라브 무곡》 등의 작품을 통해 보헤미아 민족의 독립을 염원했던 민족주의 음악가라는 평가를 받는다. 조국의 독립에 대한 염원과 역사적 애환을 담은 선율이 〈밀정〉의 이야기와 맞물려 감동을 자아낸다.

기차를 빼놓고 내 음악을 논할 수 없지

드보르자크는 아내와 6명(3명은 유년기에 죽었다)의 자녀 외에 맥주와 비둘기, 기차, 배, 카드 놀이, 나인핀스(오늘날의 볼링) 등을 좋아했다. 그중에서 가장 좋아한 것은 기차였다. 거의 광적으로 좋아했다고 한다. 집 안에 있다가도 기차역에 기차가 들어오는 소리가 들리면 나가서 기차를 확인했다. 어떤 종류인지, 몇 량짜리인지 확인하고, 새로운 기차를 보면 정보를 찾아보기도 했다. 너무 바쁠 때는 심지어 다른 사람을 대신 내보내 확인해 보게 했다.

어느 날은 제자이자 훗날 사위가 된 요세프 수크에게 새로 나온 기차의 제조 번호를 적어 오라고 당부했다. 그런데 수크가 적어 온 것은 기차 꽁무니에 달린 탄수차의 번호였다. 드보르자크는 체코가 자랑하는 미래의 뛰어난 바이올리니스트에게 노발대발했다. 수크 입장에서는 어안이 벙벙한 일이었다. 음악 실력과 기차에 대한 정보가 무슨 상관이란 말인가?

하지만 드보르자크의 곡을 두루 듣다 보면 그 의문의 답을 찾을 수 있다. 드로브자크는 작곡을 하는 데 기차에서 많은 영감을 얻었다. 〈유머레스크 중 7번〉 곡도 비소카의 별장에 머물던 중 기차 소리에서 영감을 얻어 만든 곡이고, 다른 여러 작품들도 기차를 타고 다니며 보고 듣고 느낀 감정을 담아 만들었다. 영국에서 활동할 때도 유럽 대륙을 횡단하는 기차를 즐겨 탔고, 미국에서도 대륙 횡단 열차를 타고 이곳저곳 둘러보며 창작의 단상을 떠올리곤 했다.

〈신세계로부터〉 미국으로부터!

드보르자크는 50살에 이르러 여러 명예로운 직위를 꿰찬다. 1891년 프라하 음악원 교수로 학생들을 가르치기 시작했고, 이듬해에는 뉴욕의 내셔널 음악원 원장 자리를 제의받아 돌연 미국으로 떠났다. 《슬라브 무곡》의 대성공으로 드보르자크의 이름이 유럽을 넘어 멀리 신대륙까지 알려졌다는 증거였다. 내셔널 음악원은 지넷 서버라는 여성 부호가 당시 새롭게 세운 학교로,

서버 부인은 유럽의 명망 있는 음악가가 원장으로 부임해 음악원의 명예를 높여 주기를 바랐다.

민족주의 음악가 드보르자크는 고국을 떠나기가 망설여져 처음에는 거절했다. 더욱이 쉰이 넘은 나이였다. 당시로선 이미 말년의 나이였다. 낯선 땅에서 새롭게 무언가를 시작한다는 건 현실적이지 못한 일이었다. 하지만 미지의 땅에 대한 호기심과 도전 정신이 그를 그냥 내버려 두지 않았다. 그는 익숙하고 안정적인 프라하 음악원 교수직을 박차고 신세계 미국으로 떠났다. 그리고 그곳에서 명작 〈교향곡 9번 '신세계로부터'〉(이하 〈신세계로부터〉)가 탄생했다.

언제나 음악 안에서 전통의 뿌리를 확인하려고 했던 그는 미국 음악의 뿌리를 흑인 음악에서 찾았다. 〈신세계로부터〉는 흑인 음악과 집시 음악을 결합해 만든 작품으로 존 윌리엄스가 작

♫ 지식 더하기 ✕ ➖ ↻

흑인 음악

식민지 시대의 미국에 아프리카에서 노예로 팔려 온 흑인들을 중심으로 생겨난 음악을 말한다. 당시 흑인 노예들이 부르던 노래에는 삶에 대한 애환과 자유에 대한 갈망이 깃들어 있었다. 아프리카 음악의 본질이 담긴 그들의 노래가 차츰 미국인들의 마음을 사로잡았고, 나중에는 흑인의 전통 음악과 백인의 유럽 음악이 어우러져 재즈, 블루스, 솔뮤직 등 여러 장르로 발전했다. 대표적인 흑인 음악가로는 마이클 잭슨이 있고, 영화 <소울>에서는 흑인 음악가가 주인공으로 등장한다.

드보르자크

곡한 영화 〈죠스〉의 배경 음악과 비슷해서 더 유명해졌다. 〈죠스〉가 SF 영화의 신세계를 열었듯이 드보르자크의 음악도 유럽의 음악을 신세계인 아메리카로 인도했다. 〈신세계로부터〉는 카네기홀에서 초연했다. 드보르자크는 유럽 음악가들이 뉴욕 카네기홀에 입성할 첫 기회를 제공한 인물이었다.

오늘날 〈신세계로부터〉의 멜로디는 야구장에서 응원가의 배경 음악으로 종종 들을 수 있다. 특히 마지막 4악장에서 빵빵 터지는 금관 악기 소리가 답답한 속을 시원하게 뚫어 준다. 거침없는 그 소리를 듣다 보면 이 곡의 제목이 왜 '신세계로부터'인지 어렴풋이 느낄 수 있다. 제목의 '신세계'는 아메리카 즉 미국만을 말하는 것이 아니다. 드보르자크에게는 창작의 원동력이 되어 주는 '대자연'이 또 하나의 신세계였다.

그가 민족만을 고집하며 프라하에 남았다면, 그리고 쉰이라는 나이에 연연해 미지의 땅으로 떠나길 포기했다면, 우리는 〈신세계로부터〉라는 멋진 음악을 만나지 못했을 것이다. 드보르자크는 도전 정신의 대명사이며, 음악계의 돈키호테였다.

《유머레스크》 중 7번

유머레스크는 슈만, 쇼팽 등이 활동했던 19세기 낭만주의 시기에 생겨난 기악곡의 형식 중 하나다. 유머레스크의 영어 'humoresque'는 'humor(유머)'와 '-esque(형식)'가 합쳐진 단어다. 즉 유머레스크는 재미있고 자유롭게 풀어낸 음악 형식을 말한다. 유머레스크곡 중에는 드보르자크의 유머레스크가 가장 유명하다.

교향곡 9번 〈신세계로부터〉

흔히 〈신세계 교향곡〉이라 부르는 곡이다. 영화 〈죠스〉의 배경 음악과 멜로디가 비슷하고, 야구장에서 응원곡으로 종종 울려 퍼진다. 모두 4악장으로 구성됐으며 전체 연주 시간이 43분 정도 된다. 전곡을 듣기가 부담스럽다면 4악장만이라도 들어 보자. 내 마음대로 지휘를 하며 음악을 감상하면 답답한 속이 뻥 뚫릴 것이다.

9

슬픔은

나의 힘

피아노 협주곡 2번

1873~1943

라흐마니노프

라흐마니노프

Sergei Vasil'evich Rachmaninov

> 톨스토이가 내게 말했지.
> 포기하지 말라고!

프로필

정식 이름	세르게이 바실리예비치 라흐마니노프
출생·사망	1873년~1943년
국적	러시아
음악 사조	낭만주의 음악
직업	피아니스트, 작곡가

대표곡

피아노 협주곡 2번
피아노 협주곡 3번
파가니니 주제에 의한 광시곡 중 18번 변주곡
보칼리제
첼로 소나타

관계성

프리츠 크라이슬러 #반대_성향의_절친
니콜라이 즈베레프, 차이콥스키 #음악_멘토
레프 톨스토이 #구원자
요제프 호프만 #친구 #피아노_협주곡_3번_너_줄게
블라디미르 호로비츠 #너_실력_인정

재미로 보는 인물 그래프

사교성
노력
수명
행복
천재성

일본 애니메이션 〈4월은 너의 거짓말〉에는 피아노 연주 실력으로 천재 소리를 듣는 한 소년이 등장한다. 그런데 어느 날 소년은 어머니를 잃고 그 충격으로 피아노를 칠 수 없게 된다. 하루하루 우울하게 보내던 소년은 억지로 불려 나간 소개팅 자리에서 밝고 명랑한 소녀를 만난다. 바이올린을 연주하는 소녀는 소년에게 함께 콩쿠르에 나가 〈사랑의 슬픔〉을 연주하자고 제안한다. 크라이슬러가 작곡한 〈사랑의 슬픔〉을 원곡의 바이올린곡과 세르게이 바실리예비치 라흐마니노프 편곡의 피아노곡으로 함께 연주하자는 것이었다.

〈사랑의 슬픔〉은 소년의 어머니가 생전에 즐겨 연주하던 곡이었다. 소녀와 함께 출전한 콩쿠르를 계기로 소년은 트라우마를 극복하고 다시 피아노를 칠 수 있게 된다. 이 애니메이션에서 피아노를 치는 소년과 바이올린을 연주하는 소녀가 〈사랑의 슬픔〉이란 곡으로 맺어졌듯이, 이 곡의 원작자인 크라이슬러와 편곡자 라흐마니노프도 절친한 음악 동료였다. 바이올리니스트인 크라이슬러는 늘 유쾌하고 낙천적인 반면 피아니스트인 라흐마니노프는 내성적이고 우울한 성격이었다. 성격은 서로 달랐지만 두 사람은 서로의 실력에 감명받아 처음 만나자마자 둘도 없는 친구가 됐다. 두 사람은 연주회나 음반 녹음을 할 때도 함께하곤 했다.

두 사람 사이에 재미있는 연주회 일화도 있다. 뉴욕 카네기홀에서 함께 암보 연주를 하던 중이었다. 크라이슬러가 악보 한 구절이 생각나지 않아 "우리가 지금 어디에 있지?"라고 급히 물었다. 그 말은 곧 "우리가 어느 구절을 연주하고 있지?"라는 뜻이었다. 그런데 라흐마니노프는 당황한 표정의 친구에게 덤덤한 목소리로 "카네기홀!"이라고 엉뚱한 대답을 했다고 한다.

부유하지만 그늘진 유년 시절

라흐마니노프는 1873년 러시아 노브고로드주의 부유한 귀족 집안에서 태어났다. 음악에 식견이 있는 부모님과 여섯 형제 사이에서 자라며 어린 시절은 꽤 유복했다. 그런데 지주였던 아버지가 방탕한 생활을 하며 가정을 돌보지 않았고 두 누이가 갑작스럽게 세상을 뜨면서 집안에 그늘이 드리워졌다. 라흐마니노프 가족은 상트페테르부르크로 이사하게 됐고, 부모의 불화로 괴로웠던 라흐마니노프는 그곳에서 오로지 음악을 위안 삼아 지냈다.

12살에 모스크바 음악원에 들어간 라흐마니노프는 1891년 18살에 〈피아노 협주곡 1번〉을 작곡했다(1917년에 수정 작업을 했다). 피아노 협주곡이라는 어렵고도 거대한 장르에 자신의 첫 작품 번호(Op.1)를 붙일 만큼 곡에 대한 자부심이 대단했다. 보통 작곡가들은 작품 목록 중 첫 작품 번호에 어떤 작품을 넣을지 매우 신중히 고민하기 마련이다. 라흐마니노프의 〈피아노 협주곡〉은 모두 4곡인데, 2번과 3번이 특히 유명하다. 1번은 10대 때 작곡했다고는 믿을 수 없을 정도로 우울이 짙게 묻어난다.

첫 오페라로 성공을 맛보다

라흐마니노프는 1892년 모스크바 음악원 졸업 작품으로 오페라 《알레코》를 제출해 음악가로서 첫 성공을 거두었다. 기악곡 작곡가지만 오페라 작곡가로서 먼저 이름을 떨친 셈이었다. 당시 《알레코》는 스승 차이콥스키에게 인정받아 볼쇼이 극장에서 초연했다. 라흐마니노프는 오페라로 대중에게 큰 관심을 받지는 못했지만, 오페라에 대한 그의 재능과 열정은 대단했고, 평생 총 세 편의 오페라를 작곡했다.

《알레코》는 러시아 시인 푸쉬킨의 시 〈집시〉의 내용을 바탕으로 구성한 단막극이다. 오페라는 대부분 주인공의 이름을 제목으로 삼으며, 높은 음역을 부르는 테너가 남자 주인공을, **소프라노**가 여자 주인공을 맡는다. 간혹 **바리톤**이 주인공을 맡기도 하는데, 《알레코》의 주인공 알레코도 바리톤이었다. 작품의

줄거리를 잠깐 살펴보자.

귀족 생활에 싫증을 느낀 알레코는 집을 떠나 아름다운 집시 여인 젬피라를 만나 함께 살게 된다. 두 사람 사이에 아이도 태어났지만 그들은 정식으로 결혼한 것도 아니었고, 알레코의 집안에서 이들을 부부로 인정할 리도 없었다. 젬피라의 아버지도 알레코에게 조용히 떠나라고 하고, 젬피라도 알레코가 언젠가는 떠나리라 생각한다. 그러던 어느 날 한 집시 청년이 젬피라를 진심으로 사랑하며 접근하자 알레코는 질투심에 그 청년을 살해한다. 그러자 집시들은 알레코가 자기들과 아무런 관련이 없는 사람이라며 그를 집시 마을에서 쫓아낸다. 신분 차이를 뛰어넘지 못한 비극적 사랑 이야기를 다룬 오페라다.

 ♪ 지식 더하기

소프라노
여성이 부를 수 있는 가장 높은 음역대, 또는 그 음역대의 가수를 말한다. 우리나라의 대표적인 소프라노에는 조수미, 신영옥 등이 있다.

바리톤
남성이 부를 수 있는 중저음의 음역대로, 남성의 가장 높은 음역인 테너와 남성의 가장 낮은 음역인 베이스의 중간 음역대다.

우울증, 내 앞길을 막지 마

오페라 작곡가로서 이름을 떨치긴 했지만 행복은 오래가지 못했다. 음악 멘토인 러시아 피아니스트 니콜라이 즈베레프와 차이콥스키가 세상을 뜨고, 이후 라흐마니노프는 정신적 지주를 잃은 듯 방황했다. 하지만 결국은 그가 마음을 둘 곳은 음악뿐이었다. 22살이었던 1895년 그는 〈교향곡 1번〉을 발표했다. 불행히도 이 곡의 초연은 실패했다. 극도로 예민해 있던 그에게 초연 실패는 큰 충격이었다. 살아생전에 그 교향곡은 다시 듣지 않았다고 한다.

실패의 충격으로 한동안 다시 방황하던 라흐마니노프는 평소 존경하던 러시아의 대문호 레프 톨스토이를 찾아갔다. 톨스토이는 "계속 작곡하시오. 계속하는 것만이 해답이오"라며 그를 격려했다고 한다. 하지만 라흐마니노프는 마음을 잡지 못하고 우울의 늪에 빠지고 말았다. 다시는 작곡하지 못할 거라는 두려움이 시시때때로 그를 옥죄었다. 음표 하나 그릴 기운도 없을 정도로 무력감에 빠진 채 하루하루를 흘려보냈다.

유명한 예술가 중에는 이렇게 우울증으로 큰 고통을 겪은 인물이 많다. 화가 중에는 공포에 질린 표정으로 유명한 그림 〈절규〉의 화가 뭉크를 비롯하여 고흐, 피카소도 평생 동안 우울증과 싸웠고, 작가 헤밍웨이와 도스토옙스키도 우울증을 비롯한 정신

어린 라흐마니노프와 스승 니콜라이 즈베레프
라흐마니노프(왼쪽에서 세 번째)는 스승 니콜라이 즈베레프
(왼쪽에서 네 번째)가 세상을 떠나고 음악에 회의를 느끼며 방황했다.

질환으로 고생했다. 세계적인 명성을 얻고 자신이 좋아하는 일만 하며 살아가는 사람들이 왜 우울증을 겪는 것일까? 가장 큰이유는 자신이 좋아하는 그 일을 할 수 없을지도 모른다는 두려움 때문이다. 훌륭한 작품을 창작하기 위해서는 그만큼 남다른창의성과 어마어마한 노력, 그리고 시간이 필요하다. 그렇게 힘들여서 창작해 낸 작품이 좋은 평가를 받았을 때 예술가들은 또다른 작품을 창작할 힘을 얻지만, 그 반대의 경우는 창작 의지를잃고 우울에 빠지게 된다.

라흐마니노프는 니콜라이 달 박사에게 심리 치료를 받아 간신히 우울증에서 벗어날 수 있었다. 이즈음 작곡한 〈피아노 협주곡 2번〉은 오늘날까지 세기의 명작으로 남아 있다. 이 작품은 모스크바 필하모닉 오케스트라와 라흐마니노프 자신의 피아노 연주로 1901년 초연해 대단한 호평을 받았다. 우울증과의 사투 끝에 창작해 낸 작품이어서인지 1악장에서는 대단히 음울하고 격정적인 분위기의 멜로디가 펼쳐진다. 라흐마니노프는 이 작품을 자신의 우울증 치료에 도움을 준 달 박사에게 헌정했다고 한다.

마지막 낭만파 작곡가

〈피아노 협주곡 2번〉에는 종을 좋아했던 라흐마니노프답게 곡의 첫 부분에 종소리가 연상되는 멜로디가 흐른다. 라흐마니노프는 어린 시절 러시아 정교회에서 자주 듣던 종소리를 평생 음악의 모티브로 삼았다. 1913년에는 〈합창 교향곡 '종'〉을 작곡하기도 했다. 〈피아노 협주곡 2번〉은 전체 3악장으로 이루어졌으며 1악장 모데라토(중간 빠르기로), 2악장 아다지오 소스테누토(아주 느리며 서정적으로), 3악장 알레그로 스케르찬도(빠르고 익살스럽게)의 구성이다. 러시아 크렘린 궁전의 종소리를 떠올리게 하는 1악장 초반부는 저음부에서 신비스러운 화음을 내는 피아노 소리가 오묘한 분위기를 자아낸다. 2019년 LG 시그니처 광고 음악으로도 사용됐고, 그 밖에 각종 영화나 드라마에서도 자주 흐르는 멜로디다.

라흐마니노프의 작품 곳곳에는 라흐마니노프 특유의 낭만적 기질이 녹아들어 있다. 그는 20세기 작곡가지만 정서나 작품에서는 19세기 낭만주의 경향을 보인다. 구분하자면 그는 피아니스트 요제프 호프만과 알렉산드르 니콜라예비치 스크랴빈과 함께 낭만파 음악의 마지막 세대라고 할 수 있다. 라흐마니노프가 활동하던 당시 음악계에서는 과거의 작곡법을 벗어나 좀 더 새롭고 독창적인 작법을 보여 주길 바랐고, 그러한 음악가들이 좋은 평가를 받았다. 그런 시류 속에서 라흐마니노프의 멜로디는 대중의 귀에는 익숙하고 달콤한 맛이었으나, 음악 평론가들에게는 좀 질린 맛이었다.

하지만 결국 라흐마니노프의 짙은 서정성과 뛰어난 기교가 승리를 거두게 된다. 그의 피아노 명곡들은 기교가 너무 뛰어나 얼핏 보면 즉흥적으로 작곡했을 성싶지만, 사실 그의 곡을 연주하기 위해서는 철저한 해석이 필요하다. 라흐마니노프 자신이 이렇게 말했을 정도다.

"음악가는 항상 정확한 계산 아래 곡에 접근해야 한다. 구조상의 절정을 놓치면 전체 구조가 허물어지고 작품 전체도 맥이 떨어지며, 청중에게 전달해야 하는 중요한 요소들을 놓치게 된다."

여담으로, 라흐마니노프는 손이 커서 '테크닉의 대가'가 되었다는 이야기가 있다. 그는 키가 2미터 가까이 되고 손은 무려 30센티미터 정도 되었다. 피아노 건반의 13도를 넉넉하게 짚을 정도였다. 예를 들면 도에서 한 옥타브 너머의 솔까지도 무난히 짚었다. 물론 꼭 손이 크다고 해서 기교가 좋은 것은 아니다. 다만 손이 크기에 남들은 간신히 짚는 건반을 손쉽게 짚어 내기는 했을 것이다.

필생의 역작 〈피아노 협주곡 3번〉

1909년 36살의 라흐마니노프는 〈피아노 협주곡 3번〉을 발표했다. 미국 데뷔를 위해 자신의 온 기량을 쏟아부어 만든 필생의 역작으로 결과는 대성공이었다. 기교가 너무 뛰어나고 혁신적인 작품이라 초연 당시 대중들의 반응은 사실 〈피아노 협주곡 2번〉 때만 못했다. 하지만 음악가들 사이에서는 초고난이도의 매머드급 작품이 탄생했다며 한동안 소란이 일 정도였다. 이런 반응에 대해 라흐마니노프는 "코끼리를 위해" 작곡한 작품이라며 농담을 던지기도 했다(그래서 이 작품을 '코끼리'라는 별명으로 부르기도 한다). 그는 이 작품을 존경하는 피아니스트이자 사랑하는 친구인 요제프 호프만에게 헌정했다. 그런데 호프만은 "이건 나를 위한 곡이 아니야"라며 사양했다. 자신의 실력으로는 도무지 칠 수 없는 어려운 곡이라는 겸양의 표현이었다. 그런데 그는 손이 작아서 실제로 이 곡을 치기 힘들어했다고 한다.

　화려한 엔딩과 현란한 기교를 보여 줄 수 있는 〈피아노 협주곡 3번〉은 오늘날 유명 피아노 콩쿠르의 마지막 라운드에서 꼭 연주된다. 2011년 차이콥스키 국제 콩쿠르에서는 손열음과 조성진이 이 곡을 연주해 각각 2위와 3위를 차지했다. 2017년 북미 최고의 피아노 콩쿠르인 반 클라이번 콩쿠르에서도 선우예권이 이 곡을 연주해 우승을 거머쥐었다. 셋 모두 현재 우리나라를 대표하는 세계적인 피아니스트로 활동하고 있다.

　기인 피아니스트인 데이비드 헬프갓의 이야기를 전하는 미국 영화 〈샤인〉에서도 라흐마니노프의 〈피아노 협주곡 3번〉을 들을 수 있다. 주인공의 실제 인물인 헬프갓은 우리나라에도 방문해 연주를 선보였다. 어려서부터 피아노에 뛰어난 재능을 보인 그는 아버지의 엄격한 음악 교육에 시달리다 정신 불안증을 앓았다. 그런 와중에 혼자 영국의 유명한 음악 학교로 떠나 공부를 이어 갔고, 그 후 피아니스트로 왕성한 활동을 하던 중 라흐마니노프의 〈피아노 협주곡 3번〉을 연주하다가 기절했다. 깨어난 그는 심각한 정신 불안증으로 정신병원에 입원해 무려 12년을 보내고 나왔다. 영화 〈샤인〉에서 헬프갓을 연기하는 주인공은 퇴원 후 완치가 덜 된 상태에서 거리를 방황하다가 비에 흠뻑 젖은 채 한 카페에 들어간다. 그곳에서 니콜라이 안드레예비치 림스키코르사코프의 곡 〈왕벌의 비행〉을 연주하는데, 바로 이 장면이 관객들을 전율에 젖게 하는 〈샤인〉의 명장면이다.

끝내 고국으로 돌아오지 못하다

〈피아노 협주곡 3번〉의 성공 이후 라흐마니노프는 미국과 유럽을 오가며 연주 활동을 펼쳤다. 그러던 중 1917년 러시아 혁명이 일어나면서 삶의 위협을 받았다. 음악 활동에서 많은 제약이 생겼고 재산까지 몰수당했다. 당시 많은 예술가가 미국이나 유럽으로 망명을 떠나야 했다. 라흐마니노프는 마침 미국에서 지휘자 자리를 제안받아 1918년 45살에 미국으로 건너갔다.

1928년에는 라흐마니노프 생애에 운명적인 만남이 있었다. 우크라이나에서 건너온 블라디미르 호로비츠라는 청년 피아니스트와의 만남이었다. 호로비츠는 다음 달 예정된 연주회에서 라흐마니노프의 〈피아노 협주곡 3번〉을 연주하겠다고 당당히 말했다. 이 연주를 관람한 라흐마니노프는 "호로비츠가 이 작품을 통째로 삼켜 버렸다"고 감상을 털어놓았다. 호로비츠의 연주가 얼마나 만족스러웠으면 그는 〈피아노 협주곡 3번〉에 대한 '권위의 인장'을 호로비츠에게 넘겨 주었다. 호로비츠의 조언을 받아들여 작품 일부를 수정하기도 했다.

라흐마니노프의 작품 대부분은 미국으로 망명하기 전에 작곡한 것이다. 망명 이후에는 작곡을 별로 하지 못했으며 피아니스트로서 연주 활동을 이어 갔다. 그는 타국에서도 늘 고국을 그리며 소련 공산주의 체제에 대한 안타까움을 금치 못했다. 말년에는 소련으로 돌아와 활동하라는 소련 당국의 요청이 있었는데 고민하던 라흐마니노프는 결국 귀국을 단념했다. 그 이유 때문인지 몰라도 소련에서 한동안 라흐마니노프의 작품 연주가 금지되었다.

이후 라흐마니노프는 다시 고국 땅을 밟지 못하고 1943년 미국의 베벌리힐스에서 생을 마감했다.

피아노 협주곡 2번

라흐마니노프는 총 4곡의 피아노 협주곡을 작곡했는데 대중적으로 가장 유명한 곡은 2번이다. 3악장 구성인데 이 곡은 특이하게 2악장을 먼저 작곡하고 이후 3악장과 1악장을 작곡했다. 〈교향곡 1번〉에서 쓰디쓴 실패를 맛보고 한동안 우울증에 시달리다 이 곡을 작곡하며 재기에 성공했다.

《파가니니 주제에 의한 광시곡》 중 18번 변주곡

미국으로 망명 후 1934년 작곡한 작품이다. 파가니니의 〈카프리스 24번〉에서 가져온 주제를 바탕으로 이 곡을 만들었다. 총 24개의 변주로 구성된 곡인데 그중 18번째 변주곡이 가장 아름답다.

10

바보가 되더라도

왈츠 2번

1906~1975

내 고집대로

쇼스타코비치

쇼스타코비치

Dmitri Dmitriyevich Shostakovich

스탈린 진짜 싫지만 러시아는 안 떠날 건데?

프로필

정식 이름	드미트리 드미트리예비치 쇼스타코비치
출생·사망	1906년~1975년
국적	러시아
음악 사조	근대 음악
직업	작곡가, 피아니스트

대표곡

다양한 오케스트라를 위한 모음곡 중
〈왈츠 2번〉
교향곡 5번 4악장
교향곡 7번 〈레닌그라드〉
오페라 므첸스크의 맥베스 부인

관계성

니콜라이 안드레예비치 림스키코르사코
프 #피아노_스승
알렉산드르 콘스탄티노비치 글라주노프
#스승 #정신적_아버지
이오시프 스탈린 #장애물 #진짜_싫다

재미로 보는 인물 그래프

사교성
노력
수명
행복
천재성

1905년 러일 전쟁에서 패한 러시아는 경제 상황이 최악이었다. 노동자들은 '빵과 평화'를 외치며 궁으로 달려갔지만 황제는 무자비한 폭격으로 그들을 사살했다. 이것이 바로 '피의 일요일 사건'이다. 작곡가 드미트리 드미트리예비치 쇼스타코비치는 자신이 태어나기도 전에 있었던 이 사건을 배경으로 〈교향곡 11번〉을 작곡했다. 많은 노동자가 목숨을 잃은 피의 일요일 사건은 훗날 러시아 혁명(1917년)으로 이어졌다. 이 와중에 블라디미르 레닌이 이끄는 볼셰비키 혁명이 성공하면서 이후 세계 최초의 사회주의 국가, 즉 소비에트 연방의 시대가 시작되었다(1922년).

이 오랜 고통과 역경의 시간을 겪으면서 많은 러시아 사람이 희생되었다. 특히 예술가들은 전쟁의 고통과 더불어 레닌과 그 뒤를 이은 이오시프 스탈린, 두 독재자 때문에 더욱 난감한 상황에 처했다. 전쟁의 포화 속에서 독재 권력의 검열은 더욱 강압적이 되었고, 그들로부터 자신의 예술 세계를 지키기 위해 예술가들은 목숨을 담보로 줄타기를 했다. 그 중심에 바로 쇼스타코비치가 있었다.

전쟁과 혁명 속에서 만난 음악

1941년 제2차 세계 대전 당시 독일이 소련을 침공하면서 쇼스타코비치가 살던 상트페테르부르크(당시 지명은 레닌그라드)도 위험해졌다. 그때 35살이던 쇼스타코비치는 '붉은 군대'에 들어가 군인으로서 싸우려 했으나 시력이 좋지 못해 거절당했다. 그 대신 의용 소방대원이 되어 자신이 교수로 재직 중이던 페테르부르크 음악원을 지켰다. 당시 소방 안전모를 쓴 쇼스타코비치의 모습이 미국 잡지 〈타임〉 표지 모델로 나오기도 했다. 이름난 음악가들마저 전쟁에 참여해야 했던 시절이었다.

쇼스타코비치는 1906년 상트페테르부르크에서 태어났다. 러시아 사람들은 이름이 길고 어려워서 왠지 낯설다. 러시아계라는 걸 쉽게 알아보는 방법이 있는데, 바로 이름이 −스키, −프, −치 등으로 끝나는지 보는 것이다. 예를 들면 차이콥스키, 무소르그스키, 스트라빈스키, 라흐마니노프, 글라주노프, 림스키코르사코프, 프로코피예프는 모두 러시아계 음악가다.

쇼스타코비치의 아버지는 광산 엔지니어로 일했고, 어머니는 페테르부르크 음악원 출신의 피아니스트였다. 세계적인 음악가들의 어린 시절이 그렇듯이 쇼스타코비치도 일찍부터 음악에 두각을 드러냈고, 어머니에게 처음으로 피아노를 배웠다. 맨 처음 피아노를 배운 것은 제1차 세계 대전 발발 이듬해인 1915년이었다. 그의 나이 11살 때인 1917년에는 페테르부르크에서 러시아 혁명이 일어나 전국이 혁명의 소용돌이에 휩쓸렸다.

쇼스타코비치는 모든 것이 불안하고 혼란스러웠던 시기에 유년기와 소년기를 보낸 셈이었다. 하지만 그에게는 늘 음악이라는 친구가 있었다. 훗날 그는 자신이 걸어온 시대의 경험과 아픔을 음악 작품에 녹여 냈다.

1919년 13살의 쇼스타코비치는 페테르부르크 음악원에 들어갔다. 이곳에서 〈왕벌의 비행〉으로 유명한 작곡가 림스키코르사코프에게 피아노를 배웠다. 쇼스타코비치에게 본격적으로 작곡가의 길을 걷게 해 준 스승 알렉산드르 콘스탄티노비치 글라주노프도 이곳에서 만났다. 글라주노프는 당시 페테르부르크 음악원 원장이었다. 쇼스타코비치는 이를테면 교장 선생님의 눈에 띈 장래가 기대되는 학생이었다. 소년 쇼스타코비치는 자신의 재주를 알아보고 격려해 주는 글라주노프를 정신적 아버지로 섬겼다.

내 음악 그만 감시해!

쇼스타코비치는 스승의 격려와 지지 아래 천재적인 음악성을 마음껏 발휘했다. 1925년 졸업 작품으로 작곡한 〈교향곡 1번〉은 정부의 관심까지 불러일으킬 만큼 완성도와 독창성이 빼어났다. 그 당시 러시아 예술가들은 자신만의 생각을 자유롭게 표현할 수 없었다. 독재 정권의 감시와 통제를 받으며 정부의 입맛에 맞는 작품을 만들어야 했다. 정부의 검열을 거치지 않은 작품은 세상 빛을 볼 수 없었다.

쇼스타코비치 역시 작품을 발표할 때마다 매번 가슴을 졸였다. 〈교향곡 3번〉과 오페라 《코》를 발표할 때까지는 그럭저럭 잘 넘어갔다. 그런데 1932년 완성한 오페라 《므첸스크의 맥베스 부인》이 문제가 되었다. 1934년 초연한 이 작품은 크게 성공을 거두어 소련 곳곳과 서방 나라에까지 알려졌다. 28살 쇼스타코비치의 앞길은 탄탄대로로 뻗어 있는 듯 보였다. 그런데 1936년 국가 지도자인 스탈린이 이 작품을 보고 노발대발했다. 단지 '마음에 들지 않는다'는 게 그 이유였다.

《므첸스크의 맥베스 부인》의 내용을 잠시 살펴보자. 주인공은 러시아의 소도시 므첸스크에 살고 있는 카테리나다. 무료하고 답답한 현실에 힘들어하던 카테리나는 상인인 남편이 출장을 떠난 동안 집안의 노동자 세르게이와 사랑을 나눈다. 한편 그녀는 자신에게 흑심을 품은 늙은 시아버지 보리스 때문에 괴로워한다. 카테리나는 세르게이와 함께 남편과 시아버지를 죽이고 도망간다. 그러나 끝내 둘은 잡혀서 시베리아 수용소로 호송된다. 그녀를 원망하던 세르게이는 호송 기차 안에서 카테리나를 버리고 다른 여죄수에게 관심을 보인다. 이에 카테리나는 그 여죄수를 부둥켜안고 기차에서 뛰어내려 죽는다.

얼핏 보면 현대판 막장 드라마 같지만 카테리나를 바라보는 시각에 따라 내용은 완전히 다르게 해석된다. 카테리나는 윌리엄 셰익스피어의 희곡 작품 《맥베스》에서 시아버지와 남편을 죽인 맥베스 부인을 떠올리게 한다. 맥베스 부인은 남편을 부추겨 왕을 죽이고 왕좌에 오르게 한 인물이다. 이것만 보아도 스탈린이 크게 노할 만했다. 시아버지 보리스는 제정 러시아 시절의 부농 쿨라크^{kulak}를 표현한 듯 보인다. 쇼스타코비치는 보리스의 죽음으로 부농 계층에 대한 사회적 증오를 표현한 것이 아니었을까?

쇼스타코비치는 《므첸스크의 맥베스 부인》을 통해 당시 민중의 자유를 억압하던 독재 정권에 비판의 목소리를 낸 셈이었다. 오로지 사회주의 건설만이 목표였던 스탈린은 사람들이 자유롭게 사랑을 나누는 것조차 사회주의에 반하는 행동이라면서 억압했다. 그런 스탈린에게 오페라 속 인물들의 행동은 불편할 수밖에 없었다. 그는 결국 오페라를 보다 말고 극장 문을 박차고 나가 버렸다고 한다. 그리고 이 오페라가 선정적, 선동적이라며 비난을 쏟아 냈다. 그 후 어용 일간지 〈프라우다〉는 이 오페라를 두고 "음악이 아닌 혼돈"이라며 매도했고, 결국 이 작품은 더 이상 공연할 수 없게 되었다.

비밀스러운 음표, DSCH

당시 독재 권력의 서슬은 그 어느 때보다 날카로웠다. 까딱 눈 밖에 났다가는 숙청되거나, 포로 수용소로 보내지거나, 예술계에서 영영 제명당할 수 있었다. 예술가에게 제명은 목숨을 잃는 것이나 마찬가지였다. 이런 억압에 못 이겨 라흐마니노프, 이고리 스트라빈스키 등의 음악가는 외국으로 망명을 가기도 했다.

하지만 쇼스타코비치는 계속 러시아에 남았다. 그는 정부의 눈 밖에 나지 않으면서도 자신만의 음악 세계를 구축해 나가기 위해 여러모로 고민했다. 그러다 보니 작곡을 하고도 발표하지 못하고 서랍에 숨겨야 했던 작품도 많았다. 떠오르는 악상을 마음껏 표현하지 못하니 하루하루가 숨이 막힐 듯했다. 1960년대에는 공산당에 가입하라는 강요까지 받았다. 이럴 수도, 저럴 수도 없는 상황에서 쇼스타코비치는 창작 의욕을 잃고 한동안 우울증에 시달렸다. 수면제를 먹고 자살 시도까지 했을 정도였다.

이러한 시대에 음악가들이 작품을 통해 사회에 목소리를 내고 싶을 때 은밀히 사용하던 방법이 있었다. 바로 자신만이 알아볼 수 있는 음악적 암호를 악보에 넣는 것이었다. 쇼스타코비치는 여러 교향곡에서 DSCH라는 음악적 암호를 사용했다.

쇼스타코비치는 여러 교향곡에서 자신만이 알아볼 수 있는
음악적 암호를 사용했다.

쇼스타코비치는 평생 동안 15곡의 교향곡을 만들었다. 이는
베토벤의 '9번 교향곡의 저주'를 깨뜨린 의미 있는 일이었다. 9번
교향곡의 저주란 베토벤이 〈교향곡 9번 '합창'〉을 작곡한 후 돌
연 숨진 이래 드보르자크 등 여러 작곡가가 9번째 교향곡을 작
곡한 뒤 10번째 교향곡을 완성하지 못한 채 사망한 일을 말한다.
이 일로 음악계에는 9번 교향곡을 작곡하면 저주를 받아 죽게

♫ 지식 더하기 ⊗ ⊖ ⊙

음악적 암호 DSCH

'드미트리 쇼스타코비치(Dmitri Shostakovich)'가 악보에서 자신의 이름을 표현하
는 암호로, 각각 레, 미b, 도, 시에 해당하는 음을 독일식으로 표기한 것이다. 그는 곡
에서 도전적인 메시지를 전달하고 싶을 때 주로 이 암호를 사용했다. 쇼스타코비치
뿐만 아니라 낭만주의 작곡가 슈만 등 과거의 몇몇 작곡가들은 자신의 작품 악보에
자신만이 알아볼 수 있는 음악적 암호를 넣어 세상을 향한 메시지를 전하곤 했다.

된다는 징크스가 생겨났고, 그래서 많은 음악가가 9번째 교향곡에는 숫자를 붙이지 않고 제목만 달아서 발표했다. 그런데 쇼스타코비치가 이 징크스를 깨뜨린 것이었다.

누가 뭐래도 마이웨이

많은 예술가가 미국이나 유럽으로 망명했지만, 쇼스타코비치는 평생 동안 소련을 떠나지 않았다. 스탈린 체제에 머물렀다는 이유로 그는 비난을 받았다. 스탈린에게 동조하고 있다고 오해받았고, '궁정 광대' 또는 '성스러운 바보'라는 뜻의 유로디비 작곡가로 불리기도 했다. 하지만 그는 스탈린 곁에 머물렀던 것이 아니라 조국을 등질 수가 없어서 소련에 남았던 것이다.

쇼스타코비치도 망명을 했다면 외국에서 세계적인 작곡가로 대우받으며 오히려 더 승승장구했을 것이다. 하지만 그는 조국을 지켰다. 시대의 아픔을 두 눈으로 목도하고 당의 억압을 오롯이 견디며 묵묵히 자신의 길을 걸었다. 그것이 곧 예술가의 소명이라 여겼다. 물론 그도 충분히 자유를 찾아 떠날 수 있었다. 하지만 그러지 않고 시련을 택한 셈이었다. 그야말로 '성스러운 바보'였다.

《므첸스크의 맥베스 부인》 사건으로 당국의 감시를 받게 된 쇼스타코비치는 한동안 대단히 위축된 채 괴로운 나날을 보냈다. 이 고통의 시기는 1937년 〈5번 교향곡 '혁명'〉(이하 〈교향곡 5번〉)을 발표하면서 일단락되었다. 〈교향곡 5번〉은 자신의 개인적인 번민을 표현한 한편 사회주의에 대한 긍정적인 메시지를 담은 곡이었다. 초연 당시 연주가 끝나자 청중의 박수갈채가 끝도 없이 이어졌다. 궁정의 광대라고 그를 비난했던 이들도, 걸핏하면 트집을 잡던 당국 쪽에서도 이 곡에는 호평을 쏟아 냈다. 고난과 극복, 투쟁과 승리 등 곡에 담긴 메시지가 당국의 예술 정책에 딱 들어맞는 작품인 데다 베토벤의 〈5번 교향곡 '운명'〉을 떠올리게 한다는 것이었다. 훗날 음악학자들은 이러한 쇼스타코비치를 '20세기 러시아가 낳은 베토벤'이라고 평했다.

〈교향곡 5번〉의 대대적인 성공으로 쇼스타코비치는 한숨을 돌릴 수 있었다. 31살이었던 그해에 모교인 페테르부르크 음악원 교수로 임용되어 1941년까지 재직했고, 1943년에는 모스크바 음악원에 들어가 작곡을 가르치기 시작했다. 그사이 그는 교향곡 6번, 7번, 8번을 작곡했다. 그중 〈교향곡 7번〉이 바로 쇼스타코비치가 독일군에 대항해 소방 의용군으로 활약할 당시 지은 곡이다. 〈레닌그라드 교향곡〉이라고도 부르는 이 곡은 전쟁의 고통을 가장 잘 표현한 작품으로 평가되며, 당시 미국 전 방송국으로 중계될 만큼 전 세계의 관심을 모았다.

〈교향곡 9번〉과 두 번째 시련

1945년 제2차 세계 대전이 끝나고 발표한 〈교향곡 9번〉은 39살의 쇼스타코비치에게 두 번째 큰 시련을 안겨 주었다. 당시 소련 문화 정책의 총 책임자였던 안드레이 즈다노프가 사회주의 리얼리즘(비관주의와 반혁명을 단호히 배격하는 소련의 예술 정책)을 내세워 이에 반하는 예술가들을 불러다 탄압했다. 이때 쇼스타코비치를 비롯한 세르게이 프로코피예프, 아람 일리치 하차투리안 등 많은 음악가의 작품 연주가 금지되었다. 스탈린상을 받거나 사회주의 혁명의 메시지가 강한 몇몇 작품만 연주할 수 있었다.

다행히 새로운 작품 발표는 할 수 있었지만, 공교롭게도 그즈음 발표한 쇼스타코비치의 〈교향곡 9번〉은 혹독한 비판을 받았다. 정부 당국의 입맛에 맞지 않았던 것이다. 당국은 쇼스타코비치의 〈교향곡 5번〉이 베토벤의 〈교향곡 5번〉을 닮았듯이, 쇼스타코비치의 〈교향곡 9번〉도 베토벤의 〈교향곡 9번〉 수준의 걸작이기를 기대했다. 하지만 쇼스타코비치의 〈교향곡 9번〉은 그들 기대에 비해 너무 단순하고 진중한 느낌이 없었다. 이로써 쇼스타코비치는 혹독한 탄압을 받았고, 그 충격과 저항감의 표시로 그는 스탈린이 죽은 1953년까지 교향곡을 작곡하지 않았다. 〈교향곡 10번〉은 스탈린이 사망한 이후에 발표했다. 쇼스타코비치는 스탈린이 죽은 1953년 3월 5일이 인생에서 가장 행복한 날이었다고 고백했다.

　쇼스타코비치는 교향곡, 협주곡, 오페라 외에도 발레 음악, 영화 음악, 재즈 등 다양한 장르에서 창작 활동을 펼쳤다. 생애 후반기에는 당시 유럽을 중심으로 유행하던 **버라이어티 쇼**라는 대중 예술에도 흥미를 느꼈다. 쇼스타코비치는 이에 대한 관심과 흥미를 8개의 작품에 담아 《다양한 오케스트라를 위한 모음곡》을 작곡했다. 그 8개의 곡이란 〈행진곡〉, 〈작은 왈츠〉, 〈댄스 1번〉, 〈왈츠 1번〉, 〈작은 폴카〉, 〈왈츠 2번〉, 〈댄스 2번〉, 〈피날레〉를 말한다.

　그중에서 가장 유명한 곡은 〈왈츠 2번〉이다. 톨스토이 원작의 영화 〈안나 카레니나〉, 우리나라 영화 〈텔 미 썸딩〉, 〈번지점프를 하다〉를 비롯해 지금껏 영화와 드라마, 광고에서 배경 음악으로 많이 쓰였다. 색소폰이 음악을 이끄는 〈왈츠 2번〉은 쿵짝짝 하는 세 박자 리듬이 곡 전체에 흐른다. 처음의 주요 멜로디

> ♪ **지식 더하기**　　　　　　　　　　⊗ ⊖ ⊗
>
> 버라이어티 쇼
> '버라이어티'라는 단어 뜻 그대로 노래, 춤, 서커스, 코미디 등 다양한 형식과 내용을 섞어 펼치는 공연을 말한다. 영국과 미국의 예능인들이 극장이나 뮤직홀 등에서 펼치던 버라이어티 쇼는 차츰 TV로 무대가 옮겨졌으며, 오늘날 버라이어티 쇼라고 하면 TV의 오락 및 예능 프로그램으로 흔히 인식된다.

가 여러 악기로 연주되지만 역시 트럼본이나 색소폰으로 연주할 때 그 묘미가 고조된다. 참고로 트럼본은 금관 악기이고 색소폰은 목관 악기다. (간혹 색소폰이 금관 악기로 오해받기도 하지만 원래 나무로 만들었던 악기라 목관 악기로 분류한다.)

한편 쇼스타코비치는 축구가 '대중의 발레'라고 할 만큼 축구를 사랑했다. 동료 음악가들과 함께 축구 경기를 관람할 때도 많았다. 평상시 모습은 고뇌에 찬 얼굴이지만 축구 경기를 구경할 때만큼은 해맑은 소년의 모습이었다. 축구를 소재로 발레 모음곡 《황금 시대》를 작곡하기도 했다.

훗날 쇼스타코비치의 제자이자 음악학자인 솔로몬 볼코프는 스승의 육성을 모아 정리해 책으로 냈다. 쇼스타코비치의 삶의 회고록인 책 《증언》은 우리나라에도 번역 출간되었다. 책에 쓰여 있는 모든 이야기는 비밀리에 녹음한 쇼스타코비치의 육성을 옮긴 것이라 내용의 사실성에 더욱 무게가 실린다. 책 속에 등장하는 쇼스타코비치의 지인들은 모두 이렇게 말한다. '쇼스타코비치는 평생 동안 확신을 갖고 공산주의를 신봉한 적은 없었다!'라고.

《다양한 오케스트라를 위한 모음곡》 중 〈왈츠 2번〉

《다양한 오케스트라를 위한 모음곡》 중 우리에게 가장 잘 알려진 재즈풍의 곡이다. 쇼스타코비치의 삶을 이해하기 전에는 〈왈츠 2번〉이 그저 경쾌한 왈츠곡으로만 들리지만, 그의 생애를 알고 나면 왠지 슬픈 왈츠곡으로 들린다. 우리나라에서는 영화배우 이은주와 이병헌이 열연한 영화 〈번지점프를 하다〉 등에 삽입되면서 널리 알려졌다.

《쇠파리 모음곡》 중 〈로망스〉

1955년의 러시아 영화 〈쇠파리(The Gadfly)〉의 모음곡, 12곡 중 8번째 곡이다. 쇼스타코비치가 영화 음악도 만든 셈이다! 영화 〈쇠파리〉는 영국 소설가이자 음악가인 에델 릴리언 보이니치의 동명 소설을 각색하여 만든 것으로, 이탈리아를 무대로 한 혁명가들의 활약을 다룬 내용이다.

11

세계 무대를 꿈꾼

K-음악가

예악

1917~1995

윤 이 상

윤이상

고향 가고 싶다….

프로필		대표곡
정식 이름	윤이상	오페라 류퉁의 꿈
출생·사망	1917년~1995년	오페라 나비의 미망인
국적	독일(1971년 이후)	오페라 심청
음악 사조	현대 음악	광주여 영원히!
직업	작곡가, 첼리스트,	예악
	바이올리니스트, 기타리스트,	나의 땅, 나의 민족이여
	교사	

관계성

독일인들 #윤이상_어떻게_생각해?

#윤이상_잘알

헤르베르트 폰 카라얀 #윤이상을_구하라

재미로 보는 인물 그래프

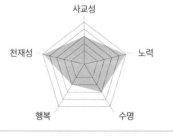

"아버지, 저 일본에 가서 공부하고 싶어요. 허락해 주세요"

"일본이라니! 혹시 네 이 녀석, 음악 공부 하려는 건 아니겠지? 행여 그런 생각일랑 말고 여기서 공무원이 되든 은행원이되든 하거라"

"아니에요, 아버지! 저 일본 가서 상업 공부 열심히 해서 꼭성공하겠어요."

"정말이냐? 음악이 아니고 상업을 공부할 것이야? 음악은안 된다. 이 아비 말 명심해라!"

윤이상은 아버지에게 거짓말을 했다. 아버지는 아들이 음악이라는 불투명한 꿈을 품고 사는 것을 원치 않았다. 하지만 돌이켜 보면 그 불투명한 꿈 덕분에 윤이상은 죽을 고비를 넘겼고, 전 세계에 윤이상이라는 이름을 떨쳤다. 어머니는 윤이상을 낳을 때 태몽으로 용꿈을 꿨다. 용이 산청 고향집 맞은편에 보이는 지리산을 휘감고 있었는데 하늘로 날아오르지 않고 산을 감고만 있었다고 한다. 어머니는 용이 상처를 입어 날지 못한 것이라 생각하고 아들의 앞날을 걱정했다. 윤이상은 생전의 삶은 상처받은 용이었지만 죽어서는 승천한 용이었다.

윤이상은 어릴 적 글도 악보도 혼자서 터득했다. 누가 굳이 가르쳐 줄 필요가 없었다. 악보를 한번 보기만 하면 거의 기억할 정도였다. 작곡 능력도 대단했다. 바이올린과 기타를 배우면서 13살 때부터 스스로 작곡을 했다. 그때 작곡한 악보가 무성 영화관에서 연주될 정도로 뛰어난 수준이었다(지금은 음악을 미리 삽입해 넣고 영화를 상영하지만, 1900년대 초반에는 영화 상영 중에 연주자가 실시간으로 연주를 했다). 윤이상은 운명처럼 음악에 빠져들었다. 어린 나이였지만 이미 자신이 갈 길은 음악뿐이라는 걸 예감했다. 그래서 아버지에게 거짓말을 한 것이었다. 그는 음악을 위해 일본 땅을 밟았다.

나 홀로 음악 유학

작곡가이자 바이올리니스트이며 첼리스트인 윤이상은 한국 출신이지만 우리나라보다 독일을 비롯한 유럽에서 이름이 더 잘 알려졌다. 본격적인 음악 공부를 독일에서 했고, 음악 활동도 대부분 독일에서 했기 때문이다. 그래서 독일은 세계적인 작곡가 윤이상을 무척 아끼고 존경한다. 독일 음악가들 대부분은 한국인을 만나면 꼭 이런 질문을 던질 정도다.

"윤이상을 어떻게 생각하나요?"

음악에 문외한인 한국인 입장에서는 당황스러운 질문이다. 우리는 잘 모르는 한국 출신 작곡가 윤이상을 그들은 너무 잘 안

통영 바다 통영은 윤이상의 정신적, 음악적 고향이다.

다. 그만큼 독일에서 윤이상의 위상은 대단하다.

윤이상은 1917년 경상남도 산청군에서 태어났다. 아버지는 동학 혁명에 몸담았던 분으로 매우 강직하고 청렴하며 선비 같은 분이었다. 윤이상이 3살 되던 해 가족은 통영시로 이사했다. 아버지는 장남인 윤이상을 데리고 자주 밤바다를 찾았다. 부자는 조용한 바다 위 낚싯배를 바라보며 많은 이야기를 나눴다. 그 시절 함께했던 통영의 별과 바람과 물소리는 윤이상의 가슴에 깊게 새겨졌다.

윤이상은 18살 때 오사카로 건너가 음악 공부를 시작했다. 이 시기에 어머니가 병으로 돌아가셨다. 위급하다는 소식에 급히 귀국했지만 임종을 지키지 못한 죄책감이 한동안 윤이상의 마음을 괴롭혔다. 어머니를 잃은 상실감과 죄책감을 가슴에 안고 윤이상은 다시 일본으로 건너가 음악에 몰두했다.

그런데 한창 학업에 매진하던 1939년 제2차 세계 대전이 발발했다. 전쟁은 많은 사람의 삶을 바꿔 놓았다. 윤이상은 일본이 제2차 세계 대전에 합류했다는 소식을 듣고 한국으로 돌아왔다. 이때 그는 항일 비밀 모임에 들어가 무장 투쟁을 준비했다. 하지만 투쟁에 나서기도 전에 경찰의 눈에 띄어 체포당했다. 그는 심한 고문을 받고 2개월간 옥고를 치르고 나오더니 또다시 비밀 모임에 가담했다. 그러다 또다시 들키고 말았다. 곧 일본군이 들이닥칠 거라는 제자의 전언에 윤이상은 부리나케 도망쳐야 했다. 그때 그가 가장 먼저 챙긴 물건은 첼로였다. 첼로는 그에게 목숨과도 같았고, 그가 가장 사랑하는 악기였다.

전쟁이 끝나고 부산에서 음악 교사로 근무하던 그는 같은 학교 국어 교사와 결혼했다. 결혼 생활 중이던 1950년 한국 전쟁을 맞았으며, 종전 후에는 서울로 올라와 여러 대학에서 강의를 했다. 2명의 자식을 둔 가장이 되었지만 현실에 안주할 수 없었다. 좀 더 깊이 음악에 미쳐 보고 싶다는 생각이 늘 가슴속에 들끓었다. 결국 혼자서 프랑스로 유학을 떠났다. 파리 국립고등음악원을 거친 후 1957년 독일로 건너가 베를린 예술대학에서 작곡을 전공하며 비로소 현대음악의 참맛을 알게 됐다.

독일을 놀래킨 이방인

윤이상은 음악이란 만드는 것이 아니라 태어나는 것이라고 말했다. 작곡가에게 음악은 '자식'의 또 다른 이름이다. 한 사람의 생명이 세상의 빛을 보기까지 그 부모는 얼마나 많은 정성을 쏟는가. 음악 작품도 마찬가지다. 윤이상은 우주의 음악을 빚어내는 장인이었다.

1959년 베를린 예술대학을 졸업한 그는 유럽의 대표 음악제인 다름슈타트 현대음악제에 작품을 올려 보라는 권유받았다.

1956년, 독일 다름슈타트에서 백남준과 윤이상
윤이상은 유럽의 대표 음악제인 다름슈타트 현대음악제에서
〈일곱 개의 악기를 위한 음악〉으로 독일 음악계의 큰 관심을 받기 시작했다.

귀국을 생각하던 윤이상은 별 기대 없이 〈일곱 개의 악기를 위한 음악〉을 무대에 올렸는데 놀랍게도 큰 호평을 받았다. 서양음악에 한국의 음악 요소를 접목한 것이 탁월한 선택이었다. 그의 작품에는 통영의 바다가 녹아 있었고, 한국인의 정서와 애환이 깃들어 있었다. 우리는 작가의 작품을 통해 작가를 이해하고, 작가의 삶을 통해 그의 작품을 이해할 수 있다. 윤이상의 작품을 이해하기 위해 이방인이었던 그의 삶을 알아야 하는 이유가 바로 이것이다.

독일 음악계의 관심을 받게 된 윤이상은 귀국 생각을 접고 독일에 머물며 활동하게 된다. 1964년부터는 부인과 두 아이까지 온 가족이 서베를린에서 함께 살기 시작했다.

1966년에는 도나우에싱겐 현대음악제에서 관현악곡 〈예악〉을 초연했다. **예악**은 예악의 정신을 바탕으로 조선 시대에 궁중에서 제사를 지낼 때 연주하던 음악인 제례악祭礼乐을 말한다. 윤이상의 〈예악〉은 궁중 합주음악과 서양 오케스트라를 접목해 만든 새로운 형식의 음악이었다. 이 작품은 대단한 반응을 일으켰고, 윤이상은 신인 현대음악 작곡가로서 유럽에 이름을 떨치게 됐다.

1972년 뮌헨 올림픽 문화 행사에서는 오페라 《심청》을 초연했다. 이 작품 역시 한국 전통 음악과 서양 오케스트라가 만나 새로운 분위기를 자아냄으로써 세계인의 눈과 귀를 즐겁게 했다.

♫ **지식 더하기**　　　　　　　　　　　　　　　　❌ ➖ ⊙

예악

예(禮)와 악(樂)을 아울러 일컫는 말이다. 여기서 '악'이란 시, 노래, 춤, 기악을 포함한 음악을 말한다. 사람이 악만 추구하면 예를 잃기 쉬우므로 예와 악을 손바닥과 손등처럼 함께해야 한다는 의미로 동양에서는 음악을 '예악'이라 칭했다. 우리나라에서 예악은 세종대왕 시기에 그 기틀을 마련했다. 이 시기에 만든 음악을 바탕으로 종묘에서 지내는 국가 제사 음악인 종묘제례악이 탄생했다.

조국이 그에게 진 빚, 동백림 사건

윤이상은 꿈을 찾아 멀리 더 멀리 나아갔다. 경상남도 통영의 바닷가 마을에서 일본으로, 대륙을 건너 프랑스와 독일로 향했다. 지금은 우리가 갈 수 없는 땅 북한에도 갔다. 꿈을 이룬 그는 전 세계에 자신의 음악을 알렸고, 아울러 한국 전통 음악의 아름다움까지 세계에 알렸다. 그런데 정작 한국은 조국을 빛낸 이 음악 거장을 푸대접했다.

1963년 독일 중부의 쾰른에 머물던 윤이상은 〈사신도〉의 매력에 빠졌다. 〈사신도〉는 황룡을 중심으로 동쪽의 청룡, 서쪽의 백호, 남쪽의 주작, 북쪽의 현무가 네 방향을 지키고 있는 고구려 벽화다. 1300년 전의 그림이지만 살아 있는 그림처럼 생생한 움직임이 느껴진다. 윤이상은 〈사신도〉가 북한 평안남도 강서군에 있는 고구려 무덤에 그려져 있다는 걸 알고 직접 보고 싶은 마음에 북한을 방문했다. 이 그림을 보고 온 뒤 〈영상〉이라는 작품을 만들었다. 그는 독일의 유명한 소설가인 루이제 린저에게 〈영상〉을 이렇게 설명했다. "네 마리의 동물이 한 덩어리가 되어 하나의 동물을 이룬다. 한 마리의 동물 안에 네 마리 동물이 모두 들어 있다. 네 마리는 곧 한 마리고, 한 마리는 곧 네 마리다." 그런데 이 일이 엄청난 비극의 발단이 될 줄이야!

1967년 어느 날 서울에서 한 통의 전화가 온다. 놀랍게도 한국의 중앙정보부에서 온 전화로, 대통령의 편지를 전달해야 하니 급히 만나자고 하는 것이었다. 한 치의 의심도 없이 나간 자리에서 윤이상은 바로 납치되어 서울로 이송됐다. 북한에 다녀온 일로 간첩이라는 오해를 받고 잡혀 간 것이다. 이즈음 윤이상뿐만 아니라 화가 이응로 등 많은 예술가와 학자 들이 동베를린(동백림) 북한 대사관에 출입하며 간첩 활동을 했다는 혐의로 고문을 당하고 옥살이를 했다. 이 사건을 '동백림 사건'이라고 부른다.

서울로 이송된 윤이상은 사형 선고를 받고 서울 구치소에 수감된다. 절망에 빠진 그는 철창 안에서 자살을 기도하기도 했다. 이즈음 동백림 사건에 연루된 사람들에 대한 불법적인 연행과 가혹 행위, 터무니없는 혐의와 형량 등의 사실이 국제 사회에 알려지면서 여론이 극도로 나빠졌다. 결국 윤이상은 형기 중이라도 음악 작업을 해도 좋다는 허락을 받았고, 이때 오페라 《나비의 꿈》을 작곡했다. 이 작품은 1969년 뉘른베르크에서 《나비의 미망인》이라는 제목으로 무대에 올려져 31회의 커튼콜을 받을 만큼 대단한 호응을 얻었다.

국적을 독일로 바꾸기까지

한편 윤이상의 수감 소식이 전 세계에 알려지면서 음악인들 사이에 큰 화제가 되었고, 그들은 한 목소리로 한국 정부를 비난했다. 오스트리아 지휘자 헤르베르트 폰 카라얀을 비롯한 200여 명의 유럽 음악인들은 공동 탄원서를 제출해 윤이상 구명 운동을 벌였다. 국내 여론 악화와 국제적인 비난에 시달리던 한국 정부는 결국 1969년 2월 25일 대통령 특사로 윤이상을 석방했다. 이후 윤이상은 자신을 받아 주지 않는 조국에 입은 상처로 국적을 독일로 바꿨다. 한국 정부는 그가 다시는 한국 땅을 밟지 못하게 했으며, 심지어 그의 음악을 연주하는 것까지 금지했다.

독일로 돌아간 윤이상은 서울에서 있었던 일에 대해서는 입을 다물었다. 누구에게 무슨 말을 하든 그가 당한 억압과 수모는 씻을 수 없는 상처였다. 그는 침묵을 지키며 작품 활동에만 전념했다.

1980년 광주에서 민주화 운동이 일어났을 때 윤이상은 〈광주여 영원히!〉라는 관현악 작품을 만들었다. 이 작품을 통해 광주 시민들의 공포와 애통함, 그리고 민주주의의 승리에 대한 마음을 표현하려 했다. 〈광주여 영원히!〉는 1981년 5월 쾰른에서 초연했는데, 윤이상은 한국 무대에서 처음 선보였어야 했다며 아쉬움을 토로했다. 광주에서는 매년 5월마다 열리는 추모 음악회에서 이 작품을 연주하고 있다.

1982년 한국 정부는 윤이상의 음악 연주에 대한 금지를 풀었다. 그리고 남한과 북한 양측에서 해마다 윤이상 음악제를 개최하기 시작했다. 1990년 10월에는 윤이상을 비롯한 재외 교포 음악가와 북한 음악가, 서울 전통 음악연주단 대표 17명이 함께 어우러져 북한에서 범민족통일 음악회를 열었다. 그때 한국의 음악가들과 만나고 헤어지던 윤이상의 마음은 어땠을까? 조국을 지척에 두고도 서울로 함께 떠나지 못했던 그의 마음은 어땠을까?

고향 땅에 묻히고 싶습니다

1994년 한국에서 윤이상 음악 축제가 열린다는 소식이 전해졌다. 윤이상은 어떻게든 한국을 방문해 축제에 참여하려 애썼으나 끝내는 무산되었다. 한국 정부가 "일체의 정치 활동을 하지 않겠다"라는 각서를 강요하자 받아들일 수 없었던 것이다. 윤이상은 "예술가는 정치를 할 수 있어도 정치인은 예술을 할 수 없다"고 말했다. 예술가의 정신은 그만큼 고귀하고 자유로우며 그 무엇에도 억압받을 수 없다는 것이었다.

이후 건강이 급속도로 나빠진 윤이상은 1995년 11월 베를린에서 생을 달리했다. "나는 그 땅에 묻히고 싶습니다. 내 고향 땅의 온기 속에 말입니다"라고 윤이상은 말한 바 있다. 그러나 독일로 건너간 후 꿈에도 그리던 조국 땅을 영영 다시 밟지 못하고 타국에서 눈을 감았다.

그의 유해는 베를린 가토 지방의 묘역에 묻혔다. 이후 고인의 염원을 받들어 2018년 3월 한국으로 봉환해 통영 앞바다가 보이는 통영국제음악당 부지에 안장했다. 묘비에는 '어떤 곳에 있어도 물들지 않고 항상 깨끗하다'라는 뜻의 '처염상정處染常淨'이라는 글자가 새겨져 있다.

예악

음향이 매우 느려서 궁중 음악 분위기가 물씬 풍긴다. 하나의 음향이 길게 이어지며 다른 음향으로 넘어갈 듯 넘어가지 않고 한정 없이 이어진다. 이러한 느린 음향 앞뒤로 빠른 소리, 미끄러지는 소리, 떠는 소리 등이 장식처럼 끼어든다. 그리고 이러한 음향들이 모두 어우러져 요란한 음향을 만들어 내다가 또다시 느린 음향으로 돌아가곤 한다. 분명 궁중 음악의 느낌이 강하긴 하지만 윤이상의 〈예악〉은 '옛 음악'이 아니다. 우리 전통 음악의 흥취를 20세기 말의 서양 오케스트라에 담아 완전히 새롭게 탄생시킨 작품이다.

광주여 영원히!

한국인을 위해 작곡했지만 정작 초연은 독일 무대에서 올렸다. 윤이상도 이 곡이 꼭 한국에서 연주되기를 바랐지만 그의 바람은 시간이 한참 지난 후 가능해졌다. 지금은 광주시립 교향악단이 매년 5월마다 5·18 민주화 운동 추모 음악회에서 이 곡을 연주한다.

12

국악으로 실험하는

엄친아

미궁

1936~2018

황 병 기

황병기

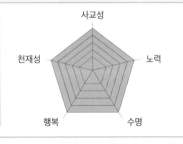

국악이 재미없다는
편견은 버려~

프로필

정식 이름	황병기
출생·사망	1936년~2018년
국적	대한민국
직업	가야금 연주가, 작곡가, 국악인, 대학 교수

대표곡

침향무

비단길

미궁

춘설

달하 노피곰

관계성

김소열 #외가_친척 #인생_첫_스승

김영윤 #가야금_정악의_대가 #스승님

김윤덕, 심상건 #스승님들

장한나 #첼리스트 #제자

재미로 보는 인물 그래프

사교성

노력

수명

행복

천재성

범 내려온다. 범이 내려온다.

장림 깊은 골로

대한 짐승이 내려온다.

2020년 발매한 이날치 밴드의 앨범 《수궁가》 중 〈범 내려 온다〉의 가사 일부다. 〈범 내려온다〉의 인기는 대단했다. 특이한 옷차림의 무용수들이 클럽에서처럼 춤을 추고, 래퍼 같은 소리 꾼들이 노래를 부르며 무대를 꽉 채운다. 〈범 내려온다〉의 유튜 브 영상은 2억 뷰 조회수를 기록하며 전 세계 사람들에게 한국 의 노랫가락과 관광 명소까지 알렸다. 사람들은 이에 대한 호기 심으로 원곡인 판소리 〈수궁가〉를 찾아 듣기까지 했다.

판소리는 국악, 즉 우리의 전통 음악이다. 국악에도 여러 종 류가 있다. 판소리를 비롯해 궁중에서 제사를 지낼 때 연주했던 제례악, 기악 독주곡인 산조, 농부들이 즐겼던 풍물 놀이나 사 물 놀이 등이 있다. 옛 사람들이 즐겼던 전통 음악인 만큼 우리 는 소중히 지키고 보존해야 한다는 건 알지만, 단지 보존만 할 뿐 그것을 일상적으로 즐기고 감상할 수 있는 음악이라고는 생 각하지 못했다. 국악은 고리타분하고 재미없다는 선입견 때문이다. 텔레비전에서 봤던 판소리 장면을 떠올려 보자. 국악은 구시대의 전유물이라고 생각하는 사람도 많을 것이다. 하지만 이날치 밴드의 〈범 내려온다〉는 이러한 고정관념을 완전히 바꿔 놓았다. 판소리 같은 국악도 오늘을 살아가는 남녀노소 누구나 재미있게 즐기는 음악이 될 수 있음을 증명해 보였다.

그런데 사실 국악에 대한 선입견을 깨뜨린 것은 이날치 밴드가 처음이 아니었다. 이전에도 그러한 노력은 계속돼 왔다. 그 중에서도 국악 작곡가이자 가야금 연주가 황병기는 우리 전통 음악을 서양 음악과 접목해 전 세계에 알림으로써 세계 음악사에 한 획을 그은 인물이다.

인생의 첫 스승, 김소열 아저씨

황병기는 서울 가회동 한옥집에서 삼대독자 외아들로 태어났다. 전국 황씨종친회 초대회장을 맡기도 한 아버지는 집안 계보를 무척 중요시했다. 집에서도 늘 몸가짐을 바로 했으며 하품한 번 하는 모습도 보이지 않을 정도였다. 어머니의 고향은 전라북도 전주로, 방학이 되면 어머니는 어린 황병기를 시골 외갓집으로 보내 자연과 어울려 지내게 했다. 자연의 소중함과 정취를 느끼게 한 것이었다.

황병기는 10살 때까지 거의 낙제 수준일 만큼 공부와는 담

국악 황병기는 우리의 전통 음악인 국악이
고리타분하고 재미없다는 선입견을 깬 인물이다.

을 쌓은 장난꾸러기였다. 그런 소년을 완전히 바꿔 놓은 인물이 있는데 바로 외가 쪽의 친척인 김소열 아저씨였다. 해방을 맞이하던 1945년 가을, 김소열 아저씨가 상경해서 소년 병기의 집에서 같이 지내게 됐다. 서울대생이었던 아저씨는 병기를 6개월 만에 우등생으로 만들어 놓겠다고 장담을 했다. 황병기는 그건 불가능한 일이라며 자신이 그렇게 변할 리 없다고 생각했다.

하지만 황병기는 아저씨와 많은 경험을 함께하면서 공부에도 차츰 흥미를 느끼게 됐다. 아저씨는 자유로운 분위기에서 어린 소년의 의견을 존중해 주는 한편, 지식을 탐구하고 깨달음을 얻는 즐거움을 느끼게 해 주었다. 뒤늦게 한글을 깨친 황병기는 밤이 새도록 좋아하는 책을 골라 읽으며 독서의 세계에 빠져들었다.

14살의 황병기는 인생의 중요한 경험을 하게 된다. 김소열 아저씨와 함께 국도극장에서 판소리 〈춘향전〉을 관람한 것이다. 처음 보는 국악 공연에 어리둥절해 있는 그에게 아저씨는 "참 기막히군, 멋있어. 병기 네가 조금 더 크면 이 음악의 참맛을 느끼게 될 거야!"라고 말했다. 그 시절에는 별 재미를 못 느꼈던 판소리지만 훗날 황병기는 그때 처음 본 공연이 자신이 가야금을 시작하게 된 여러 이유 중 하나라고 회상했다.

황병기는 어릴 때부터 누나와 함께 음악을 듣는 시간이 많았다. 특히 클래식을 듣고 있으면 시간 가는 줄 몰랐다. 리스트의 피아노곡 〈헝가리 광시곡〉을 듣다가 입에 물고 있던 레코드판을 저도 모르게 잘근잘근 씹어 잇자국을 남길 정도였다. 학교에 가면 그는 선생님의 풍금 소리에 맞춰 노래하기를 좋아했다. 낭랑한 목소리로 노래를 빼어나게 잘해서 노래만 하면 선생님의 칭찬을 듬뿍 받았고, 친구들도 부러움의 눈으로 쳐다보곤 했다.

괴짜 소년, 가야금을 만나다

개구쟁이 황병기는 체격이 좋고 힘도 셌다. 중학교 1학년 때부터는 유도를 하면서 몸을 단련했다. 어느덧 그는 까까머리

가야금 호기심 많고 모험심 강한 모범생이었던 황병기는
부모님의 걱정에도 가야금을 배우고자 했다.

소년에서 호기심 많고 모험심 강한 청년으로 성장했다.

1950년 한국 전쟁이 터지자 온 가족이 서울에서 부산으로 피란을 갔다. 그곳에서 같은 반 친구 홍성화를 따라 국립국악원에 갔다가 가야금 소리를 처음 들었다. 국립국악원도 서울에서 부산으로 피란을 와 있을 때였다. 그때 들은 가야금 소리가 황병기를 가야금의 세계로 이끌었다. 가야금에 매력을 느낀 그는 국립국악원에 드나들며 가야금을 배우기 시작했다.

가야금은 가야국의 가실왕이 만들었다고 해서 '가얏고'라고도 부른다. 기러기 발 모양의 안족 위에 명주실로 만든 12개의 현이 올려져 있고 울림통은 오동나무로 만든다. 서양 악기 하프처럼 손가락으로 타는데, 왼손은 줄을 흔들고 누르며 오른손은 줄을 뜯거나 밀거나 튕겨서 소리를 낸다. 황병기는 가야금 소리를 처음 들었을 때 몸이 둥둥 뜨는 느낌이었으며, 그 순간 자신이 진정으로 좋아하는 게 무엇인지 마술처럼 깨달았다고 한다.

부모님은 남자가 무슨 가야금을 배우느냐며 펄쩍 뛰었다. 여느 부모님과 마찬가지로 예술은 배고픈 직업이라며 아들을 만류했다. 그런 부모를 황병기는 학교 공부도 등한시하지 않겠다고 안심시키고 계속해서 가야금을 배웠다. 다행히 그는 공부를 곧잘 했다. 아니, 곧잘이 아니라 남들보다 월등히 잘하는 모범생이었다. 그런데 불과 몇 달 뒤 가야금에 회의감이 들었다. 이걸

배워서 앞으로 무슨 일을 할 수 있을까 하는 생각이 든 것이다. 고민하던 그는 달랑 몇 달 배우고 판단할 일이 아니라고 생각해 일단 계속해서 배워 보기로 했다.

어릴 때 장난도 심하고 공부도 멀리하던 장난꾸러기가 전통 악기인 가야금을 배우니 또래 친구들은 황병기를 의아하게 생각했다. '영감' 또는 '괴짜'라고 부르며 놀리기도 했다.

법대 다니면서 국악인이 됐다고?

지금도 여러 악기 중에서 가야금 전공자는 소수인 편이지만, 과거에는 가야금을 배운다는 게 아주 특별한 일이었다. 배우려고 해도 지금처럼 학원이 있는 것도 아니었고, 대학교에 제대로 된 국악과도 거의 없다시피 한 상황이었다. 정말 배우고 싶다면 가야금 연주가를 묻고 물어서 찾아가야 했다.

황병기는 국립국악원을 통해 가야금 명인 김영윤 선생님을 알게 됐다. 김영윤 선생님은 가야금 정악의 대가였다. 황병기는 김영윤 선생님이 연주하는 영산회상(거문고, 가야금 등의 현악기에 대금, 단소 등의 관악기를 곁들여 연주하는 우아한 곡)을 듣고 크게 감동했다. 어떠한 형용사로도 표현할 수 없을 만큼 무한히 평화롭고 깨끗한 그 가락을 듣고 영혼의 신비로움을 느꼈다고 한다. 그는 한동안 김영윤 선생님을 찾아가 가야금을 배우고, 이후 김윤덕

정악

정악(正樂)은 해당 한자의 뜻처럼 바르고 고상한 음악을 일컫는 말이다. 옛 궁중 음악을 포함하여 상류층에서 연주하던 음악으로, 민간에서 전해 오는 서민적인 음악인 민속악과 대칭된다.

선생님과 심상건 선생님을 사사하기도 했다.

학교 성적도 좋았던 그는 서울대학교 법과대학에 들어가 법률 공부를 하는 한편 가야금 연습도 게을리하지 않았다. 대학교에 재학 중이던 1957년 KBS가 주최한 전국 국악 콩쿠르에서 1위를 차지했다. 당시 국악 콩쿠르에서 남학생이 수상한 것은 매우 이례적인 일이었다. 더욱이 음악 전공자가 아니라 법대생이라니 황병기의 수상은 더더욱 특별할 수밖에 없었다.

훗날 사람들은 황병기에게 법률가가 되지 않고 국악인이 된 것을 후회하지 않느냐고 물었다. 그러자 황병기는 법대에 다닌 것을 허송세월했다고 후회한 적이 없으며, 법률가가 음악을 배우는 것이 즐겁고 유쾌하듯이, 음악가가 법률을 공부하는 것도 즐겁고 유익한 일이라고 대답했다.

고전 속에서 실험하는 가야금 명인

1959년 대학을 졸업한 황병기는 당시 서울대학교에 신설된

음대 국악과에서 가야금을 가르쳤다. 그 시절 학생들을 가르치는 틈틈이 가야금 정악과 산조를 오선지에 옮기는 작업을 했다. 다시 말해 우리 전통 악보인 정간보^{井間譜}(가로세로 줄이 얽혀 있는 우물 정井 자 모양으로 된 음의 길이와 높낮이를 표시한 옛 악보)를 많은 사람이 이해할 수 있도록 서양 음악의 오선지에 옮기는 음악 번역 작업이었다. 이런 노력 덕분에 후대의 음악도들이 우리 전통 음악을 좀 더 가깝게 느낄 수 있게 되었다.

1963년부터는 서울대학교에서 나와 공연장 기획자, 화학회사 기획관리 실장, 다큐멘터리 영화 제작사 대표, 출판사 대표 등으로 여러 가지 일을 했다. 하지만 음악과 관계없는 분야의 일을 하면서도 가야금을 손에서 놓지 않았다. 틈틈이 작곡을 했고, 무대에 올라 가야금 연주를 선보였고, 해외 공연을 다녀오기도 했다.

다른 모든 일을 접고 본격적인 국악인으로 활동한 것은 1974년 이화여대 국악과 교수로 부임하면서였다. 그는 국악계의 발전을 위해, 국악을 좀 더 많은 사람에게 알리기 위해 다방면으로 노력했다. 국악에만 얽매이지 않고 클래식, 재즈까지 섭렵하며 새로운 음악을 만들려고 했고, 좀 더 풍부하고 새로운 소리를 찾아 이전의 국악인들이 시도하지 않았던 연주 기법을 개발하기도 했다. 예를 들면 첼로 활로 가야금을 연주하는 기법이 있는

데, 그의 대표적인 가야금곡 《미궁》에서 이 기법을 확인할 수 있다. 가톨릭과 불교, 도교에도 조예가 있었던 그는 종교와 철학을 바탕으로 한 새로운 음악을 만들려는 시도도 했다. 대표적으로 《침향무》는 향을 피워 민초들의 염원을 전하는 불교 문화를 바탕으로 한 곡이다.

황병기의 음악 세계를 연구한 민족음악학 박사 앤드루 킬릭은 황병기 음악에 대해 "전통과 현대가 만나고 고전 속에서 실험을 추구하는 모순적인 것"이라고 설명했다.

황병기는 첼리스트 장한나의 가야금 스승이기도 하다. 2007년에는 장한나가 지휘자로 변신해 스승 황병기 작곡의 〈새봄〉을 스승과 함께 무대에 올렸다. 황병기의 음악 세계에는 나이도 국경도 없었다. 음악은 모든 것을 아우를 수 있었다. 그는 가야금 명인이면서 최초의 가야금 창작곡 작곡자였고, 가장 전통적이면서 가장 현대적인 음악가이며 교육자이자 삶의 스승이었다.

게임 BGM으로 유명한 《미궁》

《미궁》은 인간이라는 생명체가 탄생해 피안의 세계로 가기까지의 한 주기를 표현한 곡이다. 이 곡을 듣다가 무서워서 비명을 질렀다는 관객이 있어 화제가 되기도 했던 곡이다.

《미궁》은 전체 7장으로 구성돼 있다. 1장 〈탄생〉은 초혼을 암

시하는 주술적인 소리로 시작해 나중에는 신비로운 트레몰로의
메아리 소리로 퍼져 간다. 2장은 웃음소리로 시작한다. 웃음소리는 언어 이전에 모든 인간이 공유하는 가장 인간적인 소리라 할 수 있다. 3장은 신음으로 이루어진다. 신음은 진통을 이겨 내는 소리로, 인간의 의지를 상징한다. 4장은 신문 기사를 읽는 소리로 시작한다. 인간 문명을 상징하는 소리다. 그러나 이 소리는 차츰 동물적인 소리로 변해 섬뜩한 울부짖음으로 끝난다. 5장은 초현실적인 몽환의 노랫소리로 이루어진다. 6장은 지금까지 미궁에서 전개돼 온 모든 인간의 소리를 우주적인 것으로 마무리 지으면서 바다 소리로 이루어진다. 바다 소리를 따라 피안의 세계에 도달하면 마지막 7장에서 《반야심경》의 주문("아제 아제 바라아제")을 읊는 소리로 마무리한다.

이러한 《미궁》의 소리는 〈화이트 데이〉라는 게임의 배경 음악으로 나오면서 청소년들에게 색다른 인기를 끌기도 했다. 이 소식을 전해 들은 황병기는 덤덤하게 웃으며 자신의 곡을 청소

🎵 **지식 더하기**　　　　　　　　　　　　　　　⊗ ⊖ ⊙

트레몰로
어떤 음을 떨리는 듯이 빠르고 규칙적으로 되풀이하는 연주법을 말한다. 현악기 연주에서 트레몰로는 하나의 음이 급속도로 반복되도록 활을 오르락내리락하거나, 두 음 사이를 빠르게 오가며 활을 움직여 표현한다.

넌들이 알게 돼서 반갑다는 반응을 보였다.

모든 부분에서 다양성과 포용성이 넘쳐났던 황병기 명인은 2018년 81세 나이로 유명을 달리했다. 그날 MBC 뉴스데스크에서는 황병기의 작품 《춘설》을 마감곡으로 띄우며 고인을 추모했다.

침향무

황병기의 가장 대표적인 가야금 독주곡. '침향무'는 인도의 고귀한 향인 침향이 나는 곳에서 추는 춤이라는 뜻이다. 황병기는 비단길을 통해 신라로 들어온 서역의 이국적인 문화를 상상하며 〈침향무〉를 작곡했다. 그런 만큼 이 작품에는 이국적이고 새로운 가야금 주법이 들어가 동양과 서양의 청중에게 모두 환영받는 곡이다.

미궁

가야금과 인간의 목소리가 함께 연주하는 곡이다. 전체 7장으로 구성됐고 총 연주 시간은 17분 정도다. 갖가지 인간의 소리를 우주적인 무(無)로 환원시키고 바다 소리와 함께 피안의 세계로 넘어가는 과정을 그렸다. 국내 게임 〈화이트 데이〉에도 삽입돼 청소년들에게 색다른 국악의 세계를 경험하게 했다.

음악가를 알면
음악이 다르게 들린답니다

Q1.

곡은 들어 봤어도 정작 그 곡을 만든 작곡가가 어떤 사람인지는 잘 모르잖아요. 음악을 들을 때 음악가의 삶을 알고 듣는 것은 왜 중요할까요? 또 모르고 듣는 것과는 어떤 차이가 있을까요?

여러분도 어떤 친구랑 친해질 때 친구에 관한 이런저런 것이 궁금해지죠? 작곡가의 작품은 결국 그 사람의 인생과 관계가 아주 깊어요. 그 사람이 어떤 나라에서 태어났고, 어떤 환경에서 자랐는지, 어릴 때에는 어떤 일이 있었는지를 알아야 작곡가의 심정이 이해되면서 추상적인 음악이 더욱 구체적으로 들리거든요. 반면 모르고 들으면 작곡가의 의도를 제대로 파악하기 어려워요.

Q2.

12명의 음악가 중 요즘 청소년들에게 가장 소개하고 싶은 인물은 누구일까요?

우리나라 작곡가인 윤이상 선생님과 황병기 선생님을 가장 소개하고 싶어요. 제가 서양 음악인 클래식을 전공했지만, 막상 더욱 소중하게 여기는 건 우리나라 음악이에요. 국악이든 서양 음악이든 형식과 상관없이 말이죠. 우리나라 작곡가가 서양 음악을 작곡해도 그 안에는 분명히 우리의 정서가 깃들어 있어요. 지금 유럽에서 활동하는 우리나라 작곡가들의 작품이 전 세계 사람들에게 영향력을 끼치는 것도 바로 이런 한국적인 정서가 특별하게 느껴지기 때문입니다.

Q3.

12명의 음악가 중 요즘 시대에 태어났으면 어땠을까 싶은 인물이 있다면요? 만약 그렇게 된다면 어떤 모습으로 음악 세계를 펼쳐 보일까요?

바흐와 윤이상입니다. 바흐는 작곡가일 뿐만 아니라 지휘자, 연주자, 교육자, 음악 행정가, 악기 수리 등 여러 가지 일을 동시에 할 수 있는 사람이었어요. 오르간곡을 직접 작곡하고, 연주하다가 오르간이 고장 나면 혼자서 수리도 했답니다. 요즘 같은 'N잡러 시대'에 딱 어울리는 능력자라고 할 수 있죠. 아마 지금 태어났더라면 독일에만 국한되지 않고 전 세계를 대상으로 글로벌한 작곡가가 됐을 거예요.

다음으로 윤이상 선생님은 한국의 정치 상황 때문에 많은 슬픔을 겪었죠. 지금처럼 개인이 자유로운 음악 세계를 마음껏 펼칠 수 있었다면 동백림(동베를린) 사건 같은 일도 없었을 거고, 우리나라 정부에서 윤이상 선생님이 자신의 음악을 더욱 널리 알리는 데 도움을 주지 않았을까 상상해 봅니다. 그야말로 진정한 'K-음악가'로서 말입니다.

Q4.
12명의 음악가 중 가장 의외의 인물, 흔히 우리가 잘못 알고 있는 인물이 있다면요?

모차르트가 아닐까요? 모차르트의 음악 재능이 천재적인 것은 맞지만, 노력 없이 세계적인 음악가가 된 건 아니에요. 성공은 재능과 노력이 함께 했을 때 가능하다고 생각해요. 그리고 모차르트 음악이 전부 밝은 것만은 아니에요. 그 안에는 슬픔과 좌절, 실패에 대한 괴로움도 묻어 있답니다.

Q5.

수많은 음악가 중에서 12명만 고르는 데도 고민이 많으셨을 듯해요. 아쉽게 빠진 인물이 있다면, 특징이 될 만한 그의 삶을 짧게 들려주세요.

두 인물을 소개하고 싶어요. 슈베르트와 멘델스존입니다. 슈베르트는 가곡의 왕이라고 부를 정도로 시에 관심이 많았어요. 독일의 유명한 시인들의 작품을 읽고 거기에 멜로디를 붙여 가곡을 만들었습니다. 요즘 청소년들은 시를 취미 삼아 편하게 읽을 기회가 많지 않은데요, 슈베르트의 음악을 통해서라도 시를 접했으면 합니다.

멘델스존은 집안이 매우 좋았어요. 할아버지가 철학가고, 아버지는 은행가여서 문화와 경제, 모든 면에서 풍요로운 분위기에서 성장했습니다. 아무 일을 하지 않아도 편하게 살 수 있는 집안이었지만, 멘델스존은 자신의 일을 게을리하지 않았어요. 음악으로 좋은 일을 할 수 있는 상황이라면 언제든지 발 벗고 나섰습니다. 독일 최초의 국립 음악 교육기관인 라이프치히 연극음악대학을 건립하고, 라이프치히 성 토마스 교회 앞에 바흐 동상을 세울 때도 모금 음악회를 아주 많이 했어요. 자신이 음악가로서 사회에 공헌할 수 있는 일이라면 앞장섰던 사람입니다. 요즘으로 생각하면

쉽게 말해 지속 가능한 경영인, ESG 경영을 했던 음악행정 가이기도 해요.

Q6.

클래식이나 국악은 십대가 즐기기에 어렵다는, 혹은 낡았다는 편견이 있어요. 이런 편견을 깨줄 만한 음악 감상법이 있다면 소개해 주세요.

제 아들도 십대인데요. 처음에는 게임을 무조건 못 하게만 했어요. 그러다 어느 날 귀에 익은 음악 선율이 게임에서 흘러나와서 깜짝 놀랐습니다. 〈시드 마이어의 문명 V〉라는 게임에 나온 음악은 바로 고대 그리스의 음악 〈세이킬로스의 노래〉였어요. 사실 이런 음악은 클래식 전공자들도 잘 모르거든요. 그래서 만약 여러분도 즐겨 하는 게임에 클래식 음악이 나온다면 원곡을 찾아 듣기를 추천해요. 이제 저도 아들이 게임하는 걸 무조건 막지는 않는답니다. 거기에도 클래식이 흐르거든요.

Q7.

지금까지 여러 음악 책을 집필하셨지만, 청소년을 위한 음악 책은 처음 쓰셨어요. 《여기는 18세기, 음악이 하고 싶어요》의 독자들에게 어른이 되어서 무언가를 처음 경험하는 데는 많은 시간과 노력이 들어가요. 또 감정이 메말라서 어릴 때만큼 열정이 느껴지지 않죠. 하지만 청소년기에 접했던 문화 예술은 그 여운이 상당히 오래 가고 강합니다.

요즘 4차 산업혁명 시대라고 하고, AI가 많은 것을 대신한다고 해도 인간의 삶을 온전히 빼앗지는 못해요. 게다가 그런 기계들을 작동하게 하는 알고리즘은 인간이 만들죠. 그래서 저는 여러분이 십대에 음악 감수성을 잘 키워서 어른이 됐을 때도 마음에 여유가 풍부하기를 바랍니다. 나아가 인간의 마음을 전달하는 과학 문명에도 음악을 접목해 주면 좋겠어요.

책

모차르트 지음, 김유동 옮김, 《모차르트의 편지》, 서커스, 2018

와타히키 히로시 외 지음, 김현영 옮김, 《편지로 읽는 세계사》, 디오네, 2007

쇼스타코비치 지음, 솔로몬 볼코프 엮음, 《증언》, 온다프레스, 2019

박선욱 지음, 《윤이상 평전》, 삼인, 2017

매튜라이·스티븐 이설리스 엮음, 이경아·이문희 옮김, 《죽기 전에 꼭 들어야 할
　클래식 1001》, 마로니에북스, 2019

프란츠 리스트 지음, 이세진 옮김, 《내 친구 쇼팽》, 포노, 2016

얀 카이에르스 지음, 홍은정 옮김, 《베토벤》, 도서출판 길, 2018

황병기 지음, 《깊은 밤, 그 가야금 소리》, 풀빛, 2012

웹사이트

파가니니 국제 바이올린 콩쿠르　www.premiopaganini.it

사진 출처

38, 39쪽　Thomas Wolf, www.foto-tw.de / commons.wikimedia.org

84쪽　Wojsy / commons.wikimedia.org

121쪽　Schiedmayer Celesta GmbH / commons.wikimedia.org

131쪽　Stanislav Dusík / commons.wikimedia.org

다른 인스타그램

뉴스레터 구독

여기는 18세기, 음악이 하고 싶어요
모차르트부터 윤이상까지
세계적 음악가들은 십대에 뭐 했을까?

초판 1쇄　2021년 12월 1일
초판 3쇄　2024년 10월 25일

지은이　조현영

펴낸이　김한청
기획편집　원경은 차언조 양선화 양희우 유자영
마케팅　정원식 이진범
디자인　이성아 김현주
운영　설채린

펴낸곳 도서출판 다른
출판등록 2004년 9월 2일 제2013-000194호
주소 서울시 마포구 동교로 27길 3-10 희경빌딩 4층
전화 02-3143-6478　**팩스** 02-3143-6479　**이메일** khc15968@hanmail.net
블로그 blog.naver.com/darun_pub　**인스타그램** @darunpublishers

ISBN 979-11-5633-438-5　44000
　　　979-11-5633-437-8　(세트)

다른 생각이
다른 세상을 만듭니다